早稲田社会学ブックレット

[現代社会学のトピックス 17]

現代人と時間

―もう〈みんな一緒〉ではいられない

伊藤 美登里

学 文 社

はじめに――「時間」を考える

　時間とはいったいなんであるか。……わたしたちは時間について語るとき、それを理解しているのであり、また、他人が時間について語るのを聞くときにもそれを理解している。それでは、時間とはなんであるか。だれもわたしに問わなければ、わたしは知っている。しかし、だれか問うものに説明しようとすると、わたしは知らないのである。（アウグスティヌス　一九七六　一一三―四）

　右の文章は、四〇〇年ころに書かれたとされている、キリスト教教父アウグスティヌスの『告白』のなかにあるものだ。アウグスティヌスが述べているように、「時間とは何か」を論じることは難しい。時間というのは、経済史家の角山榮の表現を借りるなら、「人間の存在を根底において支え、規定している環境のようなもの」（角山　一九九八　七）で、しかも誰の目にもはっきり見える類いのものではないからである。

　はっきり見える類いのものでない――そんな時間について考える手がかりとして、ここでは、時間どろぼうと、盗まれた時間を人間に取りかえしてくれた女の子モモ

2

の話を書いた、ミヒャエル・エンデの童話『モモ』をひもといてみよう。

この童話のなかに、時間どろぼうたちが、人間の時間を奪おうとして人間たちに時間貯蓄契約を結ばせようとする場面がある。

「人間の時間を手中におさめれば、無限の権力をにぎることになる」。こう言って彼らは、自分たちのもくろみにかないそうな人間のことをあらかじめ調べあげ、その人間をつかまえる潮時をまった。理髪師のフージー氏の場合は、彼が「おれは人生をあやまった」、「おれはなにものになれた?」、もっと「ちゃんとした暮らしをしていたら、「いまとはぜんぜんちがう人間」になっていただろうにと考えたときがそうであった。

灰色の紳士に化けた時間どろぼうは、フージー氏に時間を浪費せずに節約し時間貯蓄銀行に貯蓄するようこう説得した。フージー氏が「ぜんぜんちがう人間」になるのに必要なのは時間であり、もし一日二時間の倹約をすれば二〇年後には利子もついて「一億五百十二万秒というすばらしい額になる計算です。そうなると、あなたは六十二歳にたっしたあかつきには、この大資本が自由に使えるわけです」、と。

契約が成立すると、彼らはこう言ってフージー氏をほめたたえた。「これであなたは時間貯蓄者組合の新しい会員になられたわけです。あなたはいまや、ほんとうに近代的、進歩的な人間のなかまに入られたのです」。

灰色の紳士が自動車で走り去ると、彼らの記憶はフージー氏の脳裏から消し去られた。そのときの取り決めのことは自分一人で決定したことのようにフージー氏には思えた。

彼は、これまで客一人に対して一時間かけていた散髪を、一言も口をきかずに一五分ですませることにした。毎日一時間かけて世話をしていた老母を養老院にあずけ、月一回訪問するだけにした。車椅子の生活をしているダリア嬢を毎日花を持って訪ねていたが、それもやめた。歌もやめ、読書もやめ、友達づき合いも一切やめた。それは、将来いつか今とは異なる人生を開始できるように、時間を貯蓄しておくためであった。

しかし、現実はフージー氏の予想通りにはいかなかった。彼が倹約した時間は、彼の手もとに一つも残らず、あとかたもなく消えてなくなってしまった。彼の一日一日は次第にはっきりと短くなっていき、またたく間に一週間たち、一月たち、一年が飛び去った。彼は、次第に怒りっぽい、落ち着きのない人間になっていった。

時間の節約を始める者の数は次第に増加していった。毎日、毎日、テレビも新聞も広告も、時間のかからない新しい文明の利器のよさを強調しほめたたえた。「時間節約こそ幸福への道」。こういったスローガンの書かれたポスターが至るところに貼られた。工場や会社、レストランやデパート、そして学校や幼稚園にまで、「時間は貴重だ――むだにするな」、「時は金なり――節約せよ」といった標語が貼りだされた。

しかし現実は、フージー氏の場合と同じく、幸福とはほど遠いものであった。時間倹約家たちはよい身なりをし、お金も余計に稼いだが、不機嫌なくたびれた怒りっぽい顔をしてとげとげしい目つきだった。彼らは余暇の時間ですら少しの無駄もなく使わなくてはと考えて、その時間のうちにできるだけ多くの娯楽をつめこもうとやたらせわしなく遊んだ（エンデ　一九七六　七五―九五）。

『モモ』を読み自分の生活を振り返ると、思い当たるふしがあり苦笑を禁じえなくなる。この本は、童話の体裁を取りながら、時間とは何か、人生の幸福とは何かといった深遠な問いをわれわれに考えさせるものとなっている。

時間どろぼうはこう言った。「人間の時間を手中におさめれば、無限の権力をにぎることになる」、と。しかし、時間はいかなる意味において権力と言えるのか。

われわれは「無駄」を省こうとし、「無駄」が省けたと感じると、例えば、より速い乗り物ができて目的地への到着までの時間が早くなったり、便利な電化製品を購入して家事時間が短縮できると、何だか少し得をした気分になったりもする。しかし、時間節約のどこがよいことなのか。そもそも、なぜ時間をお金のように「節約」し「貯蓄」するという発想が可能なのか。

時間節約という行為を自らの意思や希望にもとづいて行っているとわれわれは思っているが、もしかしたら目に見えない誰か（あるいは何か）にさせられていて、それをあたかも自らの意志であるかのように思い込んでいるのではないか。

なぜわれわれは、余暇ですらせわしなくなるべくたくさんの娯楽をつめこもうとするのか。

時間どろぼうが時間貯蓄の契約成立時にフージー氏に述べた「あなたはいまや、ほんとうに近代的、進歩的な人間のなかまに入られたのです」という言葉の、この「近代的、進歩的」人間とは何なのか。

そして、「おれは人生をあやまった」、「おれはなにものになれた？」というフージー氏のセリフ、このセリフの基礎にある考え方は何なのか。

このような疑問について、このブックレットでは考えていきたい。第一章では、時間を「権力」という観点から考察していこう。

目次

第一章

権力としての時間

一　社会を支配する一環としての時間支配

社会学者エミール・デュルケームは、その著書『宗教生活の原初形態』において時間について次のように論じている。時間というカテゴリーは、われわれの判断の根本に存する基本概念であり、あらゆる知性生活を支配している。それは、思想を囲む堅い箱のようなもの、これがあって初めて思想が可能となるようなものである。そして、このような時間は、「わたし」の時間ではなく、「同一文明」のあらゆる人々から客観的に指向される時間である（デュルケーム　一九四一　二九―三二）。

つまり時間カテゴリーは、デュルケームによれば、人が物事を認識・思考するさいの枠組を提供するもの、そして、当該社会の成員に分かちもたれているものである。

時間というカテゴリーは、社会学者のピーター・L・バーガーとトーマス・ルックマンの言葉を用いれば、それなしには社会が存立しえない、意味の網の目を織りなしている「知識」の一つである。この「知識」は、人々がその日常生活で現実として「知っている」もの、その社会の成員にとって目には見えないが自明の事実となっているものである。したがって、「時間性は意識の本質的な属性をなして」いる。日常生活の時間構造は、ただ単に、個々の日の議事日程に前もってあたえられた順序を強制するだけではなく、その人物の人生の歴史全体に対しても自らを強要する。この時間的構造が設定した座標の枠内で、人は日々の議事日程と自らの人生の歴史全体を理解する（バーガー・ルックマン　一九七七　四四―七）。

バーガーとルックマンの言わんとすることは、「時間」というカテゴリーがわれわれの思考のみならず行為に対しても一定の枠組を提供し、それによってわれわれの思考や行為が可能となっていること、またその枠組をわれわれに強要してもいるということだ。

例えば、学校の年間行事日程や時間割、会社の出社時間といった日常生活の時間構造は、われわれにそれに沿って生活するよう強いる。また、現在の日本においては、六歳になる年に小学校に入学する、二〇歳で成人となる、年金支給年齢を原則六五歳とする、とされており、こういった時間の構造が全体としてのわれわれの人生に影響をあたえている。さらには、このような時間構造が設定した座標の枠内で、われわれは日々の生活や自己の人生を構想し理解し解釈する。「○歳で学校を卒業したら○○になろう」と人生の設計をする、「小学生のころには○○だった」と人生を回想するといった行為がそれである。

このように、時間というカテゴリーは、われわれの思考や日常生活における行動を根底において規定している。こういった機能をもつ時間を組織化することは、社会の動きや個々人の生活の進行、そして人々の認識に枠をあたえ、それらを秩序だてることを意味する。その意味において、時間を支配することは社会を支配する一環となる。

二　時間を組織するということ

時間の組織が社会を支配するうえでいかに重要かということは、以下のような事例によって明らかとなるであろう。

歴史学者の福井憲彦著『鏡としての歴史』によれば、一九世紀中葉まで、マダガスカル島ではメリナ暦という暦（こよみ）が使われていた。メリナ暦では一二日を一サイクルとして循環するとらえ方がその基本にあった。これは、星辰の動きで運勢を判断し行動の基準とする占星術と照応しあっていた。時間は、質的な意味を担ったものとして地上世界よりも上位にある秩序へ従属する方向で組織立てられていた。

さらにメリナ社会では、時間と空間とは分かちがたく結びつけられてとらえられていた。共通項は天空の一二宮である。時間の場合にはそれが一二日のサイクルとなり、空間の場合には家の方位、モノの置き方、各人の占める場所などが、それに対応して構造化されていた。幼少期から、人々は日常の生活における立ち居振る舞いのなかで空間の象徴的意味を学び取り、それによって同時に時間の象徴的意味も習得した。そのようにして、社会的・政治的関係構造までもが伝達されていた。

ところが、一八六四年、イギリスからやってきたキリスト教伝道団によって、現地のメリナ暦とキリスト教の暦であるグレゴリオ暦とを対応させて併記した小冊子が出された。主軸として全体を秩序づけているのはグレゴリオ暦のほうで、それがメリナ暦のいつに対応するのかという表示の仕方が取られていた。

この小冊子は、外見上は日常的な便利帳のような体裁を取りつつ、徐々にグレゴリオ暦を浸透させてゆく目的をもっていた。西洋の暦を受け入れること、それはその暦の背景にある西洋的思考構造や社会・政治的構造を受け入れること、もっと言えば、西欧の近代的な時間意識を身につけたキリスト教徒こそが新しいメリナ社会で指導的役割を担うという考えを受け入れることを意味していた。実際、一八七〇、八〇年代から公的政治の世界で新しい暦が旧来の暦と並行して用いられるようになると、近代的な時間意識を身につけたメリナ人が現地エリートとして登場してきた（福井　一九九〇　一九―二三）。

このメリナの事例で興味深いのは、イギリス人支配者層がグレゴリオ暦という自分たちの社会の時間構造によって植民地の社会を支配しようとしただけではなく、支配される側のメリナ人においてもキリスト教の時間を積極的に摂取しようとする層が存在したこと、そして彼らが現地エリートとして登場してきたことである。時間をコントロールする側に立つということは権力を握ることを意味する。

日本では、一八七二年に暦法が改められ、明治五年の一二月三日が明治六年一月一日に改正された。明治政府は、西欧諸国の例にならい、太陰暦から太陽暦（グレゴリオ暦）に改正し、同時に不定時法を定時法に切り換えたのである。太陽暦の採用に関連して、福沢諭吉は『改暦弁』を著し、まだ旧慣を脱しきれないで不慣れな太陽暦にとまどいを感じている人々に太陽暦の便利なことを説明している（時計史年表編纂室　一九七三　五）。さらに、一八七六（明治九）年には休日が変更された。それまで役人の休日は一と六の日に定まっていたが、西洋諸国と同様の日曜休日制に切り換えられた。

明治の日本では、富国強兵をめざす明治政府が西洋文明の摂取による近代化の推進を図り、率先して西洋の産業技術や社会制度から学問・思想や生活様式に至るまでを取り入れようとした。改暦や休日変更はその一環としてとらえることができる。日本はメリナ社会と異なり西欧列強の植民地になることはなかったが、明治の啓蒙思想家福沢の行動は、先のメリナ社会における現地エリートとパラレルな関係にあるようで興味深い。

産業化を推進し、日清、日露、第一次世界大戦と戦争を勝ち進み、日本が列強の仲間入りを果たすにつれ、時間という権力をめぐる日本の立ち位置は変容してゆく。それは子どもの読み物にも端的にあらわれている。

「冒険ダン吉」は一九三三（昭和八）年から三九（昭和一四）年までの七年間『少年倶楽部』に掲載された連載漫画で、当時「のらくろ」とともに同誌の人気を二分した。一九三四（昭和九）年四月号には、南の島を制圧し、そこの王様となったダン吉が「蛮公」たちのために小学校を作ろうとする話が掲載されている。小学校設立は、ダン吉が、学問がなく知識が「文明国」におよばない彼らに「何かよいことをしてやろう」と考えてのことであった。椰子の実の殻に石を入れた鐘によって始業の合図が鳴らされる。一回遅刻をすると「通信簿が乙になる」という罰則つきである。思想史家の西本郁子は、この漫画を分析しながら、現地人の「蛮公」たちは時計をしていないのに対し、ダン吉だけが腕時計をしていること、しかも、この連載全体を通じてほとんどいつも、どんなに小さなコマであっても、ダン吉が時計をしていることに注意を促し、時間を制する者は他人を制すること、ダン吉が肌から離すことのない腕時計こそ支配者の象徴であることを指摘する（西本　二〇〇一　一八一―三）。

明治の初頭において西洋起源の時間秩序を必死に輸入しようとした日本は、ここでは、自らのものとした西洋起源の時間秩序を植民地に押しつける側にまわっている。

他にも、歴史上、時間を支配することで人々を支配しようとした例は枚挙にいとまがない。

例えば、中世のカトリック教会は、古ゲルマンの既存の暦に対して、教会自らのリズムを強制しようとした。権力をコントロールするには、時間をコントロールしなければならなかったからである。教会は、農村や都市に対して暦日や暦年を管理していった。

キリスト教の教義にもとづいて日常生活を送らせるための規範が書かれた「一般訓令」の第八一条には、日曜日にはぶどう園を耕したり、畑仕事をしたり、収穫作業をしたり、家を建てたり、狩や衣服の裁断をしたりするのを禁ずるという規定があったと、政治・経済学者のジャック・アタリは指摘する。キリスト教布教以前の古ゲルマン人は日曜日も働いていたが、キリスト教の布教にともない日曜日は次第に少なくとも理論上は神に対する奉仕に捧げられた休息の日となっていった。また、九世紀のフランスでは、日曜日のほかに教会によって定められた三四の祝祭日があった（アタリ　一九八六　七九）。

コントロールされたのは祝祭日だけではなかった。クリスマス前四〇日、復活祭前四〇日間と後八日間、大祭の前夜、毎週日・水・金曜日、男児出産後三〇日、女児出産後四〇日間などは、夫婦間の性的交渉が教会によって禁止されていた。こういった性にかんする禁止が在俗の信徒たちによって遵守された可能性はほとんどない、とアタリは述べる（アタリ　一九八六　八〇）。しかし、暦の規則や休日のみならず、人々の性にかかわる生活にまで教会の時間を課そうとした事実それ自体が、キリスト教会が支配の一環として人々の時間をコントロールすることがいかに重要であるかを認識していたことの証であろう。

フランス革命においても、ジャコバン派が、一七九三年に封建地代を無償で廃止し、憲法を発して直接普通選挙制を定め、理性崇拝の宗教を作るなど革新的施策を行ったさいに、新たな暦を導入している。この暦は革命暦と呼ばれ、一ヶ月を三〇日とし、それを三旬に分けて各一〇日目に休日、一年の残りの五日を祭典日とした。この暦は一八〇五年まで用いられた。

ジャコバン派による一連の施策は、古い社会秩序から決別し新しいシステムを打ち立てようとするものである。ある意味非常に合理的なこの暦は、新しい社会秩序が作られつつあることを日々の生活リズムの変化によって人々に体感させる働きをしたに違いない。また、新しい暦に沿った生活を送るか否かによって、新しい秩序に対してその者が取っているスタンスも一目瞭然となったであろう（面従腹背というケースもあっただろうが）。

三　現在の日本の暦を考える

現在、日本社会においてわれわれは西暦と元号という二つの時間システムのもとで暮らしている。周知のように、西暦はイエス・キリストの生年を元年（西暦紀元）とする。これに対して元号は「元号法」という日本の法律によって定められており、それによれば、「元号は政令で定め」、「皇位の継承があった場合に限り改める」こととなっている。筆者がこの原稿を書いている現在は、西暦二〇〇八年であり、元号で言えば平成二〇年となる。時間を「権力」という観点から考察した場合、年を数えるシステムがこのように二つ並存している事態から何が見えてくるのか。

祝日は休日とされ、したがって、祝日が多いほどわれわれは嬉しく感じる。しかし、その祝日をわれわれの日常生活のリズムに浸透させることによって、どんな社会的・政治的関係構造をわれわれに伝えようとしているのか。

「国民の祝日」は法律によって定められている。「国民の祝日に関する法律」の第一条には、「自由と平和を求めてやまない日本国民は、美しい風習を育てつつ、よりよき社会、より豊かな生活を築きあげるために、ここに国民こぞって祝い、感謝し、又は記念する日と定め、これを『国民の祝日』と名づける」とある。

「国民の祝日に関する法律」第二条では、元日（一月一日）は「年のはじめを祝う」日とされており、その由来は、加藤迪男編『記念日・祝日の事典』によれば、元日早朝の皇室行事である四方拝である（加藤　二〇〇六）。春分の日（二〇〇八年は三月二〇日）は法律では「自然をたたえ、生物をいつくしむ」日とされるが、戦前は天皇が歴代天皇の神霊を祀る祭祀である春季皇霊祭であった。昭和天皇の誕生日である昭和の日（四月二九日）は、法律では「激動の日々を経て、復興を遂げた昭和の時代を顧み、国の将来に思いをいたす」日とされる。日本国憲法が発布された日である五月三日は憲法記念日で、法律では「日本国憲法の施行を記念し、国の成長を期する」日とされている。勤労感謝の日（一一月二三日）は、天皇が新穀を祀る祭儀である新嘗祭に由来するが、法律では「勤労をたっとび、生産を祝い、国民たがいに感謝しあう」日とされている。

このように見ていくと、日本の場合、祝日の多くは明治以降に確立された天皇制と密接な関係をもっていることがわかる（町村　二〇〇七　三一四）。このような休日・祝日のリズムが、われわれの社会の動きや個々人の生活の進行に枠をあたえ、それらを秩序立ててもいるのである。同時に、それらによってわれわれは知らず知らずのうちに日本社会の政治的関係構造を伝達されている。

時間を組織するということは、権力を掌握することの重要な一環である。

第二章

量としての時間——ヨーロッパの場合

一　質としての時間

先に筆者は、バーガーとルックマンの時間論を援用しながら、「時間」というカテゴリーがわれわれの思考のみならず行為に対しても一定の枠組を提供し、その枠組によってそもそもわれわれの思考や行為が可能となっているが、ある面ではわれわれはその枠組を強要されてもいると述べた。この「時間」カテゴリーは、デュルケームによれば、同じ一つの社会に住む者に分かちもたれているものであった。とすれば、時代や社会が異なれば、「時間」の把握のされ方も異なることになる。われわれの生きている社会に特徴的な「時間」はどのようなものなのか。この点について第二章以下で考えてゆきたい。

社会学者の真木悠介は、『時間の比較社会学』で近代社会に特徴的な時間意識として「量としての時間」と「不可逆的な直線としての時間」の二つをあげた（真木一九八一　一八三）。前者は、抽象化された数量としての時間把握を意味する。この数量としての時間が、「時は金なり」の金言に如述に示されているように、貨幣として流通するようになると、時間どろぼうが人間たちに勧め、そそのかしたような「時間を貯蓄する」というアイデアですら可能になる。直線としての時間は後の章で取りあげることにして、ここでは抽象化された数量としての時間について考えよう。そのさい、われわれの生きる社会の時間意識の特徴を浮き彫りにする手がかりとして、それとは異なる時間意識についてまず見ていきたい。

歴史学者アーロン・J・グルイェヴィッチによれば、キリスト教が普及する以前には、古ゲルマン人や古ケルト人にとって時間は経験のなかにあるものであり直接に体験されたものであって、つねに具体的な生活の諸相と結びついていた。

例えば、古アイルランドのöldという単語は「時間」あるいは「時代」のことであったが、それは客観的な尺度によって測られる時系列的な時間ではなく、内容と道徳的性格を有したものであった。道徳的荒廃の時代は、「戦斧の時代（sceggiöld）」、「剣の時代（scálmöld）」、「嵐の時代（vindöld）」、「狼の時代（vargöld）」という用語で表現された。öldという言葉は、しかし、また「人間世界」や「人間」をも意味していた。

古スカンジナビアの世界では、時間とは人間世界の外側を経過するものではなく、人間の具体的な状態に規定されるものであった。彼らにおいては、王によって実行されたいけにえの儀式があって初めて新年が始まりえた。時間の交替は、人間の行為によってなされたのである（Gurjewitsch 1978 99–101）。

質をともなった時間という意識は、古代人のみが有していたわけではない。文化人類学者エドワード・T・ホールによれば、欧米の言語においては、夏や冬のような時をあらわす言葉は名詞であって、物質的な性質があたえられている。というのは、それらの言葉は、他の名詞と同じように可算名詞としてあつかわれ、また複数形にもなるからである。これに対して、北アメリカのホピ族の言語で季節をあらわす言葉は、副詞としてあつかわれる。ホピ族は、夏は暑いと表現できない。なぜなら、リンゴに赤いという特質があるように、夏の特質は暑さそのものだからである。夏と暑さは同じで、夏は暑いという「状況」である。ホピ族の言語で言う夏には、時間を示唆する要素は一切ない。つまり、欧米の言葉によって伝えられる意味での「時がたつ」という意味はない（ホール　一九八三　五一―二）。

したがって、ホピ族にとっては、例えば、六月から八月にかけての期間が夏なのではなく、暑ければ、われわれの暦における一〇月でも夏ということになるし、

「冷夏」という観念はありえないことになる。「夏」は具体的な特質と結びついている。

現在、われわれは定時法のもとで暮らしている。定時法は、正午に始まり次の正午に終わる一日の時間を二四等分したものを一単位時間とする方法である。この定時法のもとでは、季節や場所のいかんにかかわらず、昼も夜も一時間の長さは同じで変わらない。しかし、一五世紀以前の大半のヨーロッパにおいては、定時法ではなく不定時法が採用されていた。不定時法とは、日の出から日没までを昼の時間、日没から日の出までを夜の時間とし、その昼と夜の時間それぞれを一二時間として計算する方法である。したがって、昼間の一時間と夜の一時間は、春分の日と秋分の日以外は、季節や緯度によって異なる。

不定時法において、時間は、太陽の動きを基準とした自然のリズムによって定められるという意味で具体的なものであり、時刻がその場所場所によって異なる――東京の日の出や日没は兵庫県の明石のそれとは異なり、東京の正午と明石の正午は時間が異なる――という意味においてローカルなものでもある。

このように、つねに具体的な生活の諸相と結びつき、けっして抽象的なものではなかった時間が、ヨーロッパ社会が近代に入るにつれ、次第に、具体的な生活の諸相から相対的に独立した、客観的な尺度として存在するようになってゆく。

われわれの社会においては、時間は、人間の行動からも、自然のリズムである太陽の動きからも切り離されている。時計によって測られる時間は、誰にとっても、そして昼も夜も、一時間は同じ長さであり、一年を通じてその長さは変化しない。時間は、場所からも、相対的にではあるが、切り離されている。日本の時計は日本全国で——それが東京であれ明石であれ——同じ時刻を指す。この時計が指す時刻は、さらに、イギリスのグリニッジを通る経度〇度の子午線を基準とする世界標準時の採用により、地球上のあらゆる時計が指している時刻を日本の時計が指している時刻に読みかえることが可能となっている。

このような事態を、社会学者のアンソニー・ギデンズは「時間の空間からの分離」と呼ぶ。前近代社会においては、日々の生活の基盤をなす時間の測定は、つねに時間を場所に結びつけるかたちで行われていた。「今何時か」ということは、ほとんどつねに「何処」と結びつけられて考えられていた。時間は、また、自然界の周期的出来事によって特定されていた（ギデンズ　一九九三　三〇—二）。先に見た不定時法がそうである。しかし、定時法に端的に示されているように、近代社会において時間は空間から分離している。

前近代社会
近代よりも前の状態にある社会の総称。一般的には、身分が固定しており、自給自足の生活を営み、地域地域における閉鎖性が強く、したがって村落などの共同体の規制や伝統的な権威が強く、個人が共同体に埋没している状態にあるような社会のことを指す。

二　定時法の普及と「商人の時間」

近代の時間意識はヨーロッパにその起源をもつ。

角山によれば、ヨーロッパに初めて機械時計が出現したのは、一三世紀末（日本では鎌倉時代）で、修道院においてであったと言われている。当初、修道院や教会内部のみに設置されていた機械時計は、間もなく都市市民の前に公共用機械時計として姿をあらわす。ヨーロッパで最初の公共用機械時計が出現するのは、中世イタリアのパドアで、一四世紀中ごろのことであった。教会の塔や市庁舎の塔、そして市民が集まる市場などの公共広場の塔に設けられた公共用機械時計は、等間隔で、一時間ごとに、昼も夜も鐘で時を告げた。この時の鐘によって都市の市民たちは、都市の城門の開閉から仕事の始めと終り、食事の時間まで秩序ある生活を営むようになった。公共用機械時計の出現は、自然のリズムにしたがった農村の生活、農村の時間から、人工の時間にしたがった都市の生活、都市の時間への転換をもたらした。

それにともない、ヨーロッパでは不定時法から定時法への転換が生じた。というのは、機械時計は、季節や場所、昼と夜とでそれぞれ一時間の長さが異なる不定時法には合わせにくいが、一時間の長さが季節や場所のいかんにかかわらず一定である定時法には適しているからである。

ヨーロッパにおいて定時法は、一四世紀初頭にまずイタリアの都市で、一五世紀になるとヨーロッパ各地で急速に採用されるようになった。この定時法システムの成立によって、等価等質の労働時間を単位とする商品生産の基礎的条件が出来上がる(角山 一九八四 六—一九)。

この条件があって、そしてそれが以下で述べる「時間は誰のものか」にかんする意識の変化と合わさって、人々の労働に根本的な変化が生じることとなる。

中世ヨーロッパにおいては——より正確に述べるなら、一二世紀から一五世紀にかけて、十分な教養を有する人々がいだいていた世界観においては——、「時間は神のもの」とされていたことに歴史家ジャック・ル・ゴフは注意を喚起する。というのは、キリスト教の時間は神学的時間で、神とともに始まり、神によって支配される時間であったからである。

中世においては商人がおしなべて軽蔑されていたわけではなかった。中世の商人たちに寄せられた苦情のさいたるものは、彼らのもうけが、神にのみ属する時間を抵当に取る——「利子」を取る——ことを前提としている、という非難であった。例えば、一四世紀初頭にフランシスコ派修道会のある神学教授は、商人は「時間を売ることになり、そして、自分の持物ではないものを売ることによって、高利貸しの罪を犯すことになる」と書いている。

これに対して、商人の時間は利潤に関係する時間であり、時間、具体的には、商取引の時間、ある場所から別の場所へいく商用旅行の時間、職人の仕事（商品の完成）に要する時間などを、組織的・計画的に利用することが営利となる。

「教会の時間」と「商人の時間」との間に見られた争いは、時の経過とともに教会が譲歩するかたちで幕を閉じる。至るところで教会の鐘楼に向かいあって取りつけられた大時計こそは、時間の秩序において市民共同体のもたらした一大革命であったとル・ゴフは述べる（ル・ゴフ　一九七九）。

この後、商人は、時間を用いることが、それどころか時間を悪用することすらできるようになる。時間は、神ではなく、人間が制御し支配するものとなった。

三　時間に縛られた労働――「時は金なり」

さて、このように、具体的な内容から独立した時間計測システムと、時間は人間のものだという考え方とが普及することによって、人々の労働に根本的な変化が生じた。

自然の時間によって支配された農業社会においては、主として日の出から日没までなされる労働、自然の営みにしたがった労働がなされていた。仕事は、その労働の結果生みだされる作品の出来栄え、すなわち成果によって評価された。現在でも、芸術家の仕事は作品の出来栄えで評価されるが、労働の評価という点においてそれと似たような状況だったのである。また、この社会においても工業は存在したが、それは家族労働を基礎とする家内工業であり、そこでは労働時間は比較的柔軟であった。疲れたときには適当に休み、気が向けば徹夜仕事もいとわないという自由があり、労働時間と自由時間（余暇）との区別も曖昧であった（Thompson 1967）。

これに対して、産業社会における工場制度は、多数の労働者を一箇所——特定の場所、特定の時間——に集め、機械を用いて商品を大量に生産する新しい生産システムであった。そこでは、仕事は時間、それも機械時計の示す人工的な時間に縛られた賃労働に変化していった。最初に産業革命が起こったのはイギリスにおいてであったが、雇用労働がもっとも早く進んでいたのもイギリスで、角山によれば、イギリスにおける作品中心の労働から時間労働への転換は、おおよそ一六世紀中葉から開始されたと考えられている。

例えば、一五二四年の「コヴェントリの賃金規定」では「八〇ポンドの毛織物一反織る賃金五シリング」といった作品中心の出来高払いの賃金が掲げられていた。

これに対して、一五六三年の「徒弟法」においては、「すべての職人および労働者は……朝は時計の示す五時または五時前に仕事につき、夜は時計の示す七時と八時の間まで仕事を続けるべし」と、基準とすべき一日の労働時間が法律で明文化された。

この生産システムが従来の家内工業ともっとも異なる点の一つは、労働に対する厳格な時間規律であった。このような工場の作業では、労働者は始業時間前にそれぞれきちんと機械の前の部署についていなければならず、「遅刻」は許されない。遅刻者に対しては、罰金が課されることもあった。例えば、一八世紀中ごろのウェッジウッドの製陶工場では、遅刻者に対して二シリングの罰金を定めていた。作業開始以降も、各自勝手に休憩や食事を取るような気ままな行動は許されなかった。先の一五六三年に制定された「徒弟法」には、朝食や正餐あるいは飲酒の時間は一日最大二時間半までとし、労働時間の規定に違反した者は「怠惰一時間につき一ペンスを賃金から差し引かれるべし」との規定もあった。当時、実労働約一二時間半の労働者の日給は六から七ペンスであったから、怠惰一時間につき二時間分の賃金が差し引かれる計算になる（角山　一九八四　二〇—三）。

こうして、各人の労働はその者が何時間その仕事に費やしたかという時間の「量」で測られるようになっていった。まさに「時は金なり」である。

ヨーロッパではなくアメリカの話ではあるが、印刷業で大成功をおさめたベンジャミン・フランクリンは、一八世紀半ばに若い商人への助言として次のような文章を書いている。

時間はお金なりということを忘れないでください。一日働けば一〇シリング稼げる者が、半日出歩いたり、家の中で何もせず怠けていたりしたら、その気晴らしや怠惰に六ペンスしか使わなかったとしても、それだけが支払わされたと計算してはいけません。本当は、その他に五シリングのお金を使った、というよりむしろ捨てたということになるのです。（フランクリン　二〇〇四　九）

フランクリンのこの説教こそ、社会学者マックス・ヴェーバーが『プロテスタンティズムの倫理と資本主義の精神』において、近代資本主義の「精神」をほとんど古典的と言いうるほど純粋に包含していると評したものである（ヴェーバー　一九八九　四〇）。フランクリンが「捨てた」と表現した五シリングは、半日働いていたなら獲得されたであろう金額を意味している。

労働力を時間単位で貨幣と交換するという、この「時間と貨幣の交換関係は、西洋近代の自己理解の根本的な構成要素」（Shimada und Gabbani 1998 67）である。

また、資本主義初期には、資本家がだまして労働者の時間を奪おうとする、ある意味で『モモ』の灰色の紳士を彷彿させるような出来事も生じた。

産業革命時代の織物工場や機械工場では、携帯時計（懐中時計、腕時計）を所持している労働者はわずかであり、彼らの労働時間は工場の鐘の音によって知らされた。したがって、この鐘の音を鳴らす時間をごまかすことで、労働者から時間を奪おうとする雇用主もでてきた。アタリによれば、一八四七年三月二六日出版のニューヨークの雑誌『ヴォイス・オブ・アメリカ』には、「本来なら工場を七時半に離れるところ、それが八時をすぎることがままあった。就業時間中は時計を一〇分遅らせ、終業後に一〇分進めるといった調整法がなされていたからである」といった一文が寄稿されていた。たまたま携帯時計をもっている労働者がいたときには、雇用主に取りあげられ保護預りにされた（アタリ　一九八六　二三六―七）。

四　時間による労働の分解と再編

定量化された時間は、労働を売買する尺度として機能しただけではない。このヨーロッパ起源の考え方は、アメリカにおいてさらに徹底された形態を取ることとなり、それがヨーロッパにも広まっていく。すなわち、二〇世紀に入ると、時間はストップウォッチによって人間の労働を計測し秒単位で分解する尺度として機能するに至る。

人間の労働をバラバラの単位時間に分解するという発想にもとづいて、労働の過程を新たに編制し直したのが、フレデリック・W・テイラーの科学的管理法であり、フォード・システムであった。

科学的管理法とは、アメリカ、フィラデルフィア生まれのテイラーによって二〇世紀初頭に提唱された、工業生産の能率向上とコスト削減のための工場管理技法のことであり、またこれによる生産と経営の合理化運動のことである。

それまでの工場では、職人の経験や勘やコツに頼ったかたちで仕事がなされていた。そのなかにはテイラーから見ればずいぶん無駄にみえる動作や作業もあった。彼は、機械工たちを無駄なく能率よく働かせるために、職人労働を一掃し作業のもっとも効率的な方法を一義的に定めようと試みた。

そして、彼はどんな複雑な労働もいくつかの単純労働の組み合わせのうえに成り立っていることを「発見」した。とすれば労働は単純労働化することができるはずだ。テイラーは、機械工の仕事を作業内容ごとに細かく分解し、その一つひとつに要する時間をストップウォッチで測定し、それらのデータにもとづいてもっとも効率的な作業の方法と標準作業時間とを定めた。標準作業時間は、一流の工員が全力で仕事をしているときの時間をもとに設定された。そこには、職人が勘を働かせて微妙に修正したり変更したりする余地はもはやまったくなかった。

一八九〇年代から一九〇〇年代にかけて、このテイラー・システムがアメリカ各地の工場で採用されるようになった。その集大成として、テイラーは一九一一年に『科学的管理法の原理』を著す。この著作がアメリカで出版されたころにはすでにテイラーの名前が日本にも伝わってきており、大正から昭和初期にかけて日本の多くの官民企業でも科学的管理法の導入が試みられた（橋本　二〇〇一b　一三〇、二〇〇二　一二四―四一：内山　一九九三　一四三―一五一）。

ヴェーバーは、テイラー・システムが全米で普及しつつある二〇世紀の初頭にアメリカを訪問している。訪問のさい、彼は、テイラーの科学的管理法とそれがもつ意義について重大な関心を抱き、科学的管理法は規律化の極限形態であると評した。すなわち、近代的な工場では、

個々の労働者をも、ますます、適当な測定手段を利用することによって計測するようになっている。この原則にもとづいた労働給付の合理的な調教と修練とが最高の勝利をおさめているのは、周知のごとく、アメリカ式の「科学的管理法」方式においてであり、この方式は、右の点では、経営の機械化と規律化との最終

的帰結を実現している。ここでは……彼［＝労働者――引用者による補注］自身の有機的構造によって与えられるリズムは無視されて、個々の筋肉機能への計画的分割と最善の力の経済とを達成することによって、労働諸条件に適合するように、新たなリズムを与えられる。（ヴェーバー　一九六二　五一二）

テイラーと同じ時期に、熟練的な職人労働を単純労働へと分解し分業化をはかったもう一人のアメリカ人がいた。最初の量産自動車、T型フォードを生み出したヘンリー・フォードである。彼は、単純労働を編成し直す過程にベルトコンベアによる流れ作業を導入した。一人の熟練工が一つの製品を完成させるのではなく、車体をコンベアで移動させて何人もの労働者に各自の持ち場で単一の作業をさせるのである。ここでは、生産能率は労働者の熟練や勤労意欲、監督や管理のやり方の問題ではなく、コンベアの速度に左右される。

フォード・システムの非人間性、すなわちコンベアの速度によって労働のリズムが決定され、人間を生産する機械にしてしまうことの問題性を鋭く風刺したのが、一九三六年に発表されたチャーリー・チャップリンの映画『モダン・タイムス』である。

一工場労働者であるチャップリンは、朝から晩までくる日もくる日もただひたすら一つの作業に専念している。ベルトコンベアの前にじっと立って一定の速度で流れてくるナットを機械的にスパナでしめていく、ネジ回しの作業である。時には、ベルトコンベアの速度が工場長らしき男の命令で速められる。チャップリンはその速められた速度に合わせてナットをスパナでしめようと必死になるが、うまくできず、彼自身がベルトコンベア上に載せられ、巨大機械の歯車のなかに巻き込まれてしまう。ついに彼は精神に異常をきたし、病院にかつぎこまれる、といった具合にストーリーが展開される。

この映画には、人間の労働が時間単位で商品として雇用主に売買され、労働の内容のみならずリズムですら支配される様子が非常にシニカルに描かれている。

五　時間規律にしたがう従順な身体

さて、ここまで主に労働の場における「量としての時間」について見てきた。しかし、量としての時間が支配的になったのは労働の場だけではなかった。

時間規律の訓練は、工場のみならず、軍隊や監獄や学校教育、そして家庭での教育においてもなされた。決められた時間までに特定の場所に赴く、作業中怠惰はゆるされず決められた活動に専念する、秒単位で己の身体を決められたリズムにしがたわせる——こういった時間規律を守ることが近代社会においては働く者にとって、いや、そもそも社会で生きていくうえで必須となったからである。

近代社会における学校は、社会にでていくための準備期間＝機関である。したがって、社会生活において要請される時間規律を身につけさせることも重要な教育目標となる。

哲学者ミシェル・フーコーによれば、一九世紀初頭にはフランスの相互教育の小学校向けに次のような非常に精密な時間割が提唱されるようになった。

八時四〇分、教師の入構、八時五二分、教師による集合合図、八時五六分、児童の入構および祈り、九時、着席、九時四分、石板での第一回の書取、九時八分、書取の終了、九時一二分、第二回の書取。（フーコー　一九七七　一五四—五）

量としての時間に支配されるのは、労働やそれへの準備期間としての学校の時間だけではない。労働から自由な余暇の時間ですら、この時間の影響をうけるようになる。『モモ』に登場する、余暇の時間でさえすこしの無駄もなく使わなくてはと考え、その時間のうちにできるだけたくさんの娯楽をつめこもうと、やたらとせわしなく遊ぶ時間貯蓄家たちは、まさにこのような時間の意識に支配されたわれわれの姿を描いている。

喫茶室

ドイツにおける時間厳守

「ドイツ人は時間に厳密だ」とよく言われる。たしかに人の家を訪問するときなどは、非常に厳密だ。約束の時間より早く行ってはいけない。ぴったりか、少し遅れるくらいがよいとされる。さらに、役所の窓口は早々と時間通りに閉まり、商店も決められた時刻にきっちり閉まる。

しかし、長距離電車などはよく遅れる。三〇分くらいの遅れは日常茶飯事だ。イタリアから来る電車のせいだと言う人もいる。しかし、市内電車も五分から一〇分の遅れは、しばしば生じることからして、イタリア人のせいばかりでもないようだ。電車ばかりではない。学問の世界でも、「Akademisches Viertel（大学の一五分）」と言って、決められた（表示してある）講義開始時刻よりも一五分遅く始まるのを例としている。

一つ時間をとっても、厳密なところと、厳密でないところは国によってさまざまである。ドイツで電車が遅れるからといって、むやみに腹を立てないように。ドイツ自由旅行のさいは、余裕をもってプランを立てるほうがよいかもしれない。

第三章

量としての時間――日本の場合

一 外国人の見た明治維新前後の日本人の時間感覚

幕末の一八五七（安政四）年から二年余、長崎海軍伝習所に滞在し、西洋式の操船技術と科学技術の知識を日本人に伝えたリッダー・ホイセン・ファン・カッテンディーケという人物がいた。このオランダ人は、『滞日日記抄』（翻訳の題名は『長崎海軍伝習所の日々』）に「日本人の悠長さといったら呆れるくらいだ。我々はまた余り日本人の約束に信用を置けないことを教えられた」（カッテンディーケ 一九六四 五六）と記している。

信用を置けない理由の一つは、時間の約束が守られないことにあった。例えば、次の満潮時までに材木を届けるよう約束したにもかかわらず、満潮時には届けられていない。悠長さを示す例としては、回礼（＝新年のあいさつ回り）に二日を要した馬丁の話があげられ、しかもこのようなたいそう時間を潰す回礼は、この馬丁に限られたことではなく日本では一般の慣習であると記されている（カッテンディーケ　一九六四　五六—六五）。

このオランダ人の悩みは、実は、幕末から明治維新以降に近代日本を建設するためにやってきたお雇い外国人技術者にとってほぼ共通した悩みであったことを、科学史家の橋本毅彦は指摘する。彼らは工場や建築現場で日本人労働者の勤務ぶりにしばしば業を煮やしたが、その主な原因は日本人労働者が時間を守らないこと、時計の時間とは無関係に物事が進行する日本人の仕事ぶりだった。人々が時間規律を有しそれを守り行動することは、われわれの社会における活動の大前提となっている。しかし、われわれが自明のこととして受け止めている時間厳守の行動様式が、お雇い外国人の記述によれば、幕末から明治初期には当たり前でないばかりか、それとはほど遠い状態であったことになる（橋本　二〇〇一a　三—四）。

では、江戸から明治への変わり目の時代に生きた日本人の時間感覚、生活のペースやリズムは、どのようなものであったか。

第一章で触れたように、日本人は一八七二（明治五）年まで不定時法で時間を測定し日常の生活を営んでいた。それまで一般に使用されていた不定時法では、昼と

表1　不定時法と定時法の時間

不定時法	定 時 法
九ツ（子）	午後12時
八ツ（丑）	
七ツ（寅）	
六ツ（卯）	（夜明け）
五ツ（辰）	
四ツ（巳）	
九ツ（午）	午前0時
八ツ（未）	
七ツ（申）	
六ツ（酉）	（日暮れ）
五ツ（戌）	
四ツ（亥）	

出所）鈴木淳『新技術の社会誌』中央公論新社　1999年より作成

夜とをそれぞれ六分割して一刻としていた（表1参照）。太陽が一番南にきた時である南中時の九ツ時（午の刻）と、深夜の九ツ時（子の刻）は、現在の時間体系である定時法の一二時（〇時）に一致したが、その他の時刻は季節により変化した。そして、当然、一刻の長さも季節や昼夜により変化した。例えば、東京における夏至の昼間一刻の長さは二時間三八分、夜間一刻の長さは一時間二二分であった（鈴木　一九九九　八七）。

不定時法のもと、人々は主として鐘の音で時刻を知った。江戸や主要な城下町では一刻（＝約二時間）ごとに時の鐘が打たれていた。「今何時だい」という問いかけに対しても普通の人なら答えることのできる時間システムが、少なくとも城下町の界隈には定着していた。ただし、その時間の認識の精度は、特別の仕掛けを使うか注意を傾けない限りは、約二時間をあらわす一刻の時間を四分割した、三〇から四〇分がよいところであっただろうと言われている（鈴木　一九九九　八七：橋本　二〇〇一a　五)。

したがって、お雇い外国人技師から、定時法にのっとった、時計が指す七時に集合するようにと突然命令されても、幕末・明治初期の職人たちはピンとこないままに、厄介な注文をしてきやがるとでも思ったことであろうと橋本は述べる(橋本二〇〇一a　五)。

明治維新の前後を通じ二五年も日本に滞在したイギリス外交官アーネスト・サトウも、その回想録で日本人の時間感覚について記している。すなわち、日本人は

時間の厳守ということもなかった……二時に招かれたとしても、一時に行くこともあり、三時になることもあり、もっとおそく出かける場合もよくある。実際、日本の時刻は二週間ごとに長さが変わるので、日の出、正午、日没、真夜中を除けば、一日の時間について正確を期することはきわめてむつかしいのだ。(サトウ　一九六〇　七)

このような、ある意味でのんびりとした時間感覚が、明治以降、抜本的な変更を迫られることとなった。近代化を目指す明治政府は、「ほんとうに近代的、進歩的な人間の仲間」に入るべく——これは時間貯蓄契約が成立したときの、時間どろぼ

うのセリフである――、鉄道、工場、学校、軍隊といった近代的な制度の導入にさいし、時間規律の励行を進めていった。ここでは、明治時代に焦点を絞り、工場と初等教育の場において新しい時間の意識をどのように人々に浸透させようとしたかを、特に「遅刻」に注目するかたちで見ていこう。

二　工場における時間

歴史学者の鈴木淳によれば、不定時法の時代にも出勤時刻の概念はあり、例えば一八世紀末の金沢では御殿の普請にあたって職人を六ツ半時に出勤させることになっていた。この場合、半刻後の五ツ時までに来ないとその日は雇わないという規定であった（時刻にかんしては、表1参照）。五ツの鐘が基準となっていて、半刻、約一時間の猶予があった。これは、それ以上精密に時刻を認識するのが難しかったためだと考えられている。

ところが、幕末の一八六六（慶応二）年、フランス人技師は、横須賀製鉄所設置のための補助工場として先に着手した横浜製鉄所の規則案として、遅刻者には給与をあたえず三回遅刻したら解雇という方針を示した。掛け値のない時間厳守を要求したのである。

横須賀製鉄所は、幕府がフランス人技師の指導のもと一八六五（慶応元）年に設立した工場で、のちに明治新政府によって接取され、一八七一（明治四）年には「製鉄所」から「造船所」に改称された。この造船所では、一八七二（明治五）年の段階で、一年を昼の長さで長日期と短日期の二期に分け、長日期には午前六時三〇分起業、午後五時三〇分退場、短日期は午前七時起業、午後五時退場などと、定時法で勤務時間が規定されていた。この工場に設置されていた時計台の鳴鐘が、起業の三〇分前に「寄せ鐘」を打って労働者に出勤時刻を知らせた。それでも、一八七九（明治一二）年の時点で、一〇分までの遅刻は「督責」されるだけで特に処分はうけず、一〇分をこえると給与が減額される仕組みであった。フランス人が構想したような起業遅刻の厳守はかなわなかったのである。

より厳格な起業時刻管理が試みられたのは、東京にあった海軍兵器局の工場においてであった。一八七五（明治八）年の「工房定規」には、労働者は午前六時三〇分までに集合すること、六時三〇分より遅刻した者は減給、七時以降に到着した者はその日は雇用されないという規定があった。起業時刻は午前七時三〇分であったから、その一時間前の集合を要求している。このような時間的余裕が取られた理由を、鈴木は現実問題として起業時刻を厳守させるために準備時間として一時間が必要であったからか、あるいは「官営」工場で、お上である官員に迷惑をかけないように労働者は早朝から待つのが当然という身分的関係を前提として成り立っていたためであろうと推測している。

一八八六（明治一九）年になるとかなり様子が変わってくる。海軍兵器局の工場の長日期の起業時刻は七時一〇分と二〇分繰り上げられている。工場の門扉は六時三〇分に開き七時の入門報鐘が鳴り終わると同時に閉じられて遅刻者は入場できなくなるので、労働者はこの三〇分間に出勤することが要求されている。しかし、他方で、かつては一日分の賃金を全額もらうには六時三〇分までに出勤しなくてはならなかったのが、七時でよくなっている。時刻を厳守することで、以前より起業時刻が繰り上げられたにもかかわらず、出勤時刻は遅くなり、工場と労働者の双方にとって無駄のない体制が築かれている。

これは、労働者たちがより正確に時刻を認識し遵守できるようになったことを示しているに違いないと鈴木は推論する。この時期には、時計台の普及などにより、人々が時刻を認識することがより容易になったようだ。他方、工場の側も、遅くとも一八八三（明治一六）年までに汽笛という新たな手段を用いるようになった。例えば、長日期であれば六時四五分、つまり閉門の一五分前に三〇秒、二秒、二秒と三回汽笛が鳴り響いた。これにより出勤途上の労働者たちは、時刻を正確に認識することができた（鈴木　一九九九　一〇六―八、二〇〇一　一〇〇―一）。

ちなみに、一八八七（明治二〇）年の時点での掛時計・置時計の保有は、全国で一三世帯中一世帯にとどまっていた。懐中時計・腕時計の普及率はこの時点で〇・八％と、携帯可能な時計はまだごく少数の者のステータス・シンボルであった（内田 二〇〇一 二八四―五）。したがって、この時期、海軍兵器局の大多数の労働者は、携帯可能な時計どころか、自宅にも時計はなく、時計台の鐘や汽笛によって時を認識していたと考えられる。

ちょうどこの頃、すなわち一八八〇年代後半ごろから日本で産業革命が開始される。横須賀造船所で、起業時から一五分以内の遅刻は日給の三割減、それ以上の遅刻は認めないという厳しい規則が定められたのは一九〇一（明治三四）年のことであり、日本の産業革命は欧米と同じく、人々が時間に対して正確な認識をもち、出勤時刻を守れるようになったなかで進展したと鈴木は指摘する（鈴木 一九九九 一〇八）。

三　学校における時間

一八七〇年代に西欧先進諸国はこぞって公教育制度を整備し始め、初等教育の本格的な普及が開始された。日本の初等教育は、これと同時期の一八七二（明治五）

年に学制の発布により始まる。近代学校制度が導入されたのである。

時間という観点から見た場合、近代の学校は、学年制度、学校暦、時間割などによって、子どもたちを決められた時間中（および期間中）教室のなかに閉じ込めておくという点にその特徴がある。

それ以前の学校、例えば、江戸時代の寺子屋は、子どもたちが三々五々やってきて学習し、三々五々帰っていく形態を取っていた。つまり、定められた一定時間、子どもはそこに居なくてはならないというかたちは取られていない。教授スタイルも一斉授業ではなく個別授業に近くなる。

教師が黒板を背にして教壇にたち、それと向かいあうように子どもたちが教壇に向かって同じ方向を向きながら授業をうけるという一斉授業のスタイルが日本で定着するのは学制発布後のことである（江森 一九九〇 八）。この一斉授業が円滑かつ効率的に行われるためには、子どもたちが授業開始時間に全員教室に居て着席していることがその前提として必要である。

工場において労働者に出勤時間を厳守させることは大変な苦労のすえ徐々に可能になっていった。学校では、時間規律はいかに教えられ、いかに子どもたちに浸透していったか。ここでは西本の研究を参考に見ていく。

時間にかんする規則は、早くも学制発布の翌年、一八七三（明治六）年に登場する。この年に文部省が制定した「小学生徒心得」の第二条には「毎日参校ハ授業時限一〇分前タルベシ」とある。ここには「一〇分前」という表記があるが、明治政府が西洋の時刻制度の導入を決定したのはわずか前年のことである。一八七三（明治六）年という段階でどの程度西洋式の時を刻む時計が日本全土にあったことか。時計がないなかで、学校に向けて家をでる時刻を子どもたちがどのようにして知ることができたのかは必ずしも明らかではないと言う。

江戸城下の鐘や明治の横須賀時計台の例に見られるように、「音」により時刻を知らせることは広く用いられる方法である。音によって授業の開始や終りを知らせるのが、学校の小使いの役目であった。ということは、小使いもまた時間の規律を守らなくてはならない。

時間の規律を守らなくてはならないのは、生徒や小使いだけではない。教える側に立つ教師もそうである。時間を守らなかった教師も当時は多かったようで、相次いで出版された教師用の手引書のなかには、時間の規律を守るよう教師に促すとともに授業を途中で放棄する教師を戒めるものもあった。

つまり、明治初期の学校では、子どもに時間規律を教える以前に、あるいは子どもに時間規律を教えると同時に、学校で働く大人たちにも時間規律を習得させる必要が生じていたのである。

遅刻も度重なれば懲罰規定の対象ともなった。学校によっては、広島県師範学校付属小学校のように、遅刻や早引きが五回を数えるごとに欠席一日と見なしたところもあった。

時間割は、学制の発布と同年の一八七二（明治五）年に制定された「小学教則」において定められた。それによれば、授業時間は一日五時間、一週間三〇時間で、日曜日は休みとされた。また、個々の教科についても、例えば、「綴字（かなづかい）」は、毎日一時間ずつ一週間で六時間習うものとされた。

時間の教育もなされた。早くも、一八七三（明治六）年に「時間」という言葉が小学校の教科書に登場する。掛図での学習も、文部省により同年に考案された。翌年の改訂版「第五単語図」には「時計」の文字とイラストがある。一年生用の教材である。単語の次にはさらに、短文の学習を目的とした「連語図」がある。「第二連語図」には、「午前」や「午後」といった時間にかんする基本的な語彙に加えて、「授業の始は　午前七時」「授業の終は　午後三時なり」という、学校の始業と終業を示す標準的な時刻を文章にして教えている。連語図には日常生活編もあり、「朝ハ五時に起き　夜ハ十時に臥す」と新しい時刻表記による時間秩序のなかに子どもの生活を位置づけようとするものもあった。

時代が少し下った明治末期の国定教科書では、低学年の子どもに対しては時間厳守を教え、学年が進むにつれ、規則正しい生活や浪費の戒めが説かれる。これに「時は金なり」が加わる。教科書は、子どもに向かってこう言う。毎日規則正しい生活を送り、寸刻惜しんでたえず学び、その長年の蓄積によって優れた人物となり、学問なり芸術なり、あるいは軍事において、立派な業績を残しなさい、と（西本二〇〇一　一五七―七五）。

このように、明治期、とりわけその前半期においては、工場においても学校においても、まず、時間規律を労働者や子どもの身体に刻み込もうとする試みがなされた。時間規律は次第に人々の身体に刻み込まれ、第一章で見たように、遅くとも一九三〇年代には、他国に侵略した日本人が現地の「遅れた」人々に時間規律を教えるという筋書きの子ども向け漫画が描かれるまでに至った。

喫茶室

「○○時間」

筆者が子どものころには、「○○時間」という表現を時々耳にした。この「○○」の部分には、「沖縄時間」とか「鳥取時間」とか言う具合に、通常、地名が入る。集会のときの集合時間が、例えば「午後二時始まり」であるのに、二時ちょうどに来る者はあまりおらず、一、二時間遅れで来る者が当然のようにたくさんいるような、人々の時間に対する構えを指して、「○○時間」と言われたものだ。

少し考えてみると、しかし、この「○○時間」という表現は面白い。ほぼ完全に時間が厳守されるようになったら「○○時間」という表現は使われなくなる。他方、時間厳守という観念が全くなくてもこの表現は使われない。ということは、この表現が成立するには、一方で「約束の時間にはきちんと来なくてはならない」という規範がすでに人々にある程度共有されており、しかし他方で、実際にはそれが守られていないという、ある意味、過渡的な状況が必要だということになる。

この「○○」には地名のみが入るのであろうか。そう疑問に思い調べてみて、発見した。「地歴時間」という表現を、だ。どこにあったか。一九七九年発行の、麻布学園地歴部の『地歴部報』という冊子にあった。少し引用してこの喫茶室を終わりにしよう。

「午後九時東京駅銀の鈴に集合するようにとは総務の御命令。発車が一一時二八分なのに集合時間がこんなに早いのはひとえに知る人ぞ知る『地歴時間』が為にである。(地歴時間：港区……麻布学園旧館三階地歴部地方にのみ通用するローカル時刻。この地方の関係者の行動は主としてこれに従う。日本国明石標準時より約一時間遅れている)」。

第四章

直線としての時間——ヨーロッパの場合

一　円環から目的論的線分、そして無限にのびる直線へ

真木は、「近代の時間」の特徴として、それが抽象的な数量としてとらえられること以外に、もう一つ、無限にのびる不可逆的な直線としてとらえられることを指摘した（真木　一九八一　一五〇―三）。第四章では後者の時間について考えたい。まず、この時間意識が誕生するまでを見てゆこう。

キリスト教が普及する以前の古ゲルマンの世界においては、時間は円環的に反復されるものとしてとらえられていた。

グルイェヴィッチによると、ゲルマン人においては、tið（英語の tide「潮」）、tími という言葉は、正確さの観念とは結びついておらず、むしろ季節といった長

い時の経過を示す言葉であり、数時間といった時間幅を意味することはまれであった。ár（英語のyear「年」）という言葉は、「年」と「収穫」という二つの基本的な意味をもっていた。年は、近代の時間のような単なる持続ではなく、つねに具体的な特殊な内容で満たされていた。これらの概念は、時の経過を意味するのではなく、むしろ規則性をもった円環的反復を意味していた。tíð が潮の干満と天候を示し、ár に収穫の意味があったように、これらの言葉が意味することは規則的な繰り返しであった（Gurjewitsch 1978 99）。

また、古代社会において、世俗の時間はつねに聖なる時間に対して「開かれて」おり、聖なる時間は宗教的祝祭や儀礼によって世俗に呼びこむことのできる、周期的に繰り返される時間であった（エリアーデ　一九七四　八七―九）。

これに対し、キリスト教の時間概念の新しさは次の点にあった。まず、（世俗の）時間は永遠という概念からいったん切り離される。永遠は神の属性とされ、対する地上の時間は神によって創りだされ、始まりと終りがあるものとされる。そして、終末の瞬間に世俗の時間は聖なる永遠（の時間）に入りこむと考えられた。第二に、世俗の時間は、キリスト誕生の前後で分けられる。キリストの誕生と死という、秘蹟となる出来事が歴史の中心に位置し、それが歴史の経過を規定し、歴史に新しい意味をあたえ、歴史のその後の経過をあらかじめ決定するとされる。この新しい時間把握は、人類の「始まり」と「中心」と「終末」という三つの要素のうえに成り立っていた。ここにおいて、時間は不可逆なベクトル状の直線という性質をもつに至った。こうして、中世ヨーロッパではキリスト教の普及とともに、時間は非常にゆっくりとではあるが直線的なものとして理解されるようになった。一一、二世紀には、少なくとも都市の公的生活においては、キリスト教の時間把握が支配的になっていった（Gurjewitsch 1978 115）。

同じころに死生観も変化している。古ゲルマン人にとって、死は消滅ではなく単なる「移行」にすぎなかった。死者は彼岸で生き続け、現世と同じ生活をすると考えられていた。しかし、キリスト教の普及につれこのような死生観は変容を被る。一三世紀ごろのキリスト教においては、人間の魂は最後の審判において天国にゆくか地獄にゆくかが個々に判定されると信じられていた。したがって、中世の人間には、個人の人生の終わりと世界の終わりという二種類の終わりがあるとされた。世俗の時間という観念のなかで、人は自分の死を個別的なものとしてとらえざるをえなくなり、こうして各人の人生はこの世における個別の死により「終わり」となる、（したがって前世や生まれ変わりなどない）一回限りの有限なものだという考え方が広まっていった（アリエス　一九八三　三三―四九）。

このように、世界の歴史および個々人の人生という時間は、直線的に把握されるようになった。キリスト教の時間は、しかし、過去、現在、未来を貫く原理は神による救済であるとされていた点において目的論的な時間であり、脱目的論的に抽象化された近代の時間を「量的」と表現するならば、「質的」時間である。キリスト教の時間は、さらに、未来が無限に開かれたものではなく終末において終るという意味で、始めと終りによって区切られた「線分」としての時間であった（真木 一九八一 一五〇―一）。

さて、このキリスト教の時間が近代の時間に変化するには、その線分から目的論的な性格が取り去られる必要がある。それは、「終末論の世俗化」と呼ばれる事態と関連をもっていた。

中世のキリスト教徒においては、キリストの再臨により現世が終り、永遠、すなわち神の国が始まるとされた。現世はつかの間のはかないものであり、それよりは永遠のほうがはるかに重要だと考えられていた。したがって、キリスト教にとっての（現世の）歴史は「待機」の歴史、キリストの再臨による終末を待ち続ける歴史である。しかし、歴史が経過すれどもキリストはなかなか再臨しない。再臨の到来が長引けば長引くほど、終末に対する期待が現実味を失ってゆき、人々は現世の出来事とかかわらざるをえなくなっていった。その現世の出来事は、前進するものとして理解できるようなものであった。そして、ついに未来についての新しい観念が誕生する。それは、無限の、新しい物事に対して開かれた未来、まだ実現されていない可能性をもつ未来であった（Koselleck 1989 20-37, 315）。

このような未来観は、一七、八世紀ごろに誕生したとされる（Luhmann 1990 119-23）。

ここまで、古代の時間意識から近代の時間意識への変遷を単純化して概観してきた。一つだけ留意しておくべき点がある。それは、われわれの日常の行動や意識が、ここで近代の時間意識と呼んでいるもの一色に塗りつぶされているわけではないということだ。

何らかの行動をするのに良い日と悪い日があるという考え方は、古代の時間意識に由来する（阿部　一九八七　七四）。しかし、現在でも日本では結婚式には仏滅を、葬式には友引を避けるといった行動をとる者もいる。占星術においては、黄道一二宮と人間の運勢との結びつきを想定し、土星との位置関係がよくないので「今はじっと耐える時」だ、あるいは、木星と良い角度を形成しているので「積極的に勝負に出る時」だ、などと説明される。このように占星術における時間は質的な意味を担っているが、占星術は現在の欧米でも日本でも人気を博している。日本の年末にしばしば行われる「忘年会」は、一年で一つの年が終りまた新しい年がやってくるという円環的な時間の把握の仕方にもとづくものである。

このように、われわれは、単一の時間把握のなかに生きているわけではなく、さまざまな局面でさまざまな時間把握のもと生活し、かつさまざまな時間観念を作りだしている。

それでは、近代の時間意識とここで呼んでいるものとそれ以前の時間意識とは、われわれの現在の生活においてどのような関係にあるのか。

ここでもグルイェヴィッチの研究が参考になる。彼は、古代の時間意識は、中世ヨーロッパにおいてキリスト教の時間意識により取って代わられたのではなく、背後に押しやられ、それ以来、民衆の意識の深層部に存在し続けたと指摘している。例えば、古ゲルマン人にとって昼と夜はまったく異なる意味をもっており、夜は悪魔の支配する時間であった。中世キリスト教会は夜についてのこのような観念を人々から払拭しようと試みたが、中世をつうじて夜は悪と罪のシンボルであり続けた（Gurjewitsch 1978 108–11）。

このように、われわれは多層的な時間を生きている。ただし、少なくとも公的生活においては、近代の時間意識とここで呼んでいるものを基本的尺度として受け入れ、社会生活を営んでいる。その意味において、この時間こそが近代社会において支配的な時間意識であると言える。

二　「個人」の誕生

近代社会へ移行するにつれて時間把握の仕方もまた変化するという立場を社会学者のニクラス・ルーマンもとる。

とりわけ彼が着目するのは、現在の「未来」へのかかわりである。彼によれば、近代社会において、（現在とのかかわりにおける）未来は、過去との連続性が断たれた、いくつかの可能性を有する倉庫のようなものとなった。そして、それらの可能性のなかから、現在という時点において人は一つを選択することができるとされる。つまり、現在の決定が未来を左右するとされる。中世キリスト教のような終末により永遠へと至る、その意味で神によってすでに「決定された」未来ではなく、現在における人間の決定や行為に左右される未来というものは、「先のまだ分からない」、その意味で「未決定」の未来である。このような未来のことを彼は「開かれた未来」と呼ぶ（Luhmann 1990）。

この「開かれた未来」という観念は、社会の未来のみならず、一人の人間のそれについても適用された。近代社会においては、神の御業によりひたすら何かが起こるのを受動的に待つのではなく、人間こそが社会や自己の歴史を形成する能力をもつと考えられるようになり、そこでは、時間は質を取り去られた直線的尺度として機能するようになる（歴史の年表を想像していただきたい）。

人間により未来を作りだすことができると考えられている場合、そこには、社会や個人の人生にかんして「計画」、「構想」、「変革」、「改革」、「革命」といった発想が可能となる。「進歩」、「革命」、「発展」といったドイツ語が現在のような意味内容を獲得し普及していったのが、一八〇〇年ごろのことである（Koselleck 1989 320）。

それまで「絵図」、「模倣」、「模写」といった意味で用いられていたBildungというドイツ語が、目標を設定し自身をより進歩させていくという「自己陶冶」ないし「自己形成」の意味でも用いられるようになるのが一八世紀中ごろからである（Vierhaus 1972 509–16）。主人公の人格的完成に至る内的成長を描く小説は「教養小説（Bildungsroman）」と呼ばれ、この典型とされているのがドイツの作家ヨーハン・ヴォルフガング・フォン・ゲーテの『ヴィルヘルム・マイスターの修業時代』（一七九五〜九六年）である。

こういった、人生にかんする把握の仕方の変容は、自伝のスタイルの変化においてよく見て取ることができる。

ヨーロッパの自伝は、一六世紀末ごろから一八世紀にかけて次第にそのスタイルやテーマが変化していったとされている。それまでは、天によってあらかじめ定められた役割を悟ることや神の道を歩むことが自伝の主要テーマであった。それに対して、文人ジャン・ジャック・ルソーの自伝（一七八二年）やゲーテの自伝（第一巻から第三巻は一八一一〜一四年、第四巻は一八三三年）では、宗教的色彩から解き放たれ、自己が責任をもって生きること、世界との格闘において、その者に固有の道を発見することが主要なテーマとされた（Dülmen 1997 97）。

「世界との格闘」が自伝の主要テーマになるということは、自己と「世界」（の利害）とが分離して認識されているということだ。この「世界」は、個人を取り巻く「集団」と言い換えることができよう。

長い間人間は、家族や部族や村落共同体といった、ごく小さな集団のなかで生活してきた。個人が小さな集団に全面的に身をゆだねて生活しているときには、個人と集団という二つの統一体の間に葛藤は存在しない。個人は全体としての集団のために奉仕するとともに、逆に集団に依存して生活するので、集団の利益は個人の利益でもあった。そこでは個人はただ一つの集団と融合している。

このような状態においては、個人の一生という時間は家族的で同時に経済的な連合体の歴史の一部として存在するものとしてとらえられる。個人の人生が不確実で短い——個々人にとって死はいつ訪れてもおかしくない出来事であった——ものであることに対応して、家族的で同時に経済的な連合体の連続性を確実なものにしようとする尽力がなされる。このような考え方は、イエや藩の存続のほうが個人の命よりも大切だという発想、あるいは「運命共同体」的発想に典型的に見られる。

しかし、個人が共同体的集団から解き放たれ、同時に複数の集団に所属するようになると、集団と個人との利害は必ずしも一致しなくなる。集団の運命と個人の運命とを一緒のものとして考えることが容易でなくなり、個人は自己と集団とをいったん切り離して考えるようになる。

非常に模式的に示すなら、右のような個人と集団との関係の変化がその背景にあって、個人の人生は集団の歴史とは相対的に分離・独立したものと認識されるようになっていったと言えよう。人は自分で自分の人生を切りひらいてゆくという考え方も自伝において登場してくる。近代の「個人」の発見である。

歴史家リチャード・ファン・デュルメンによれば、「近代の個人」とは、社会がそれを許容するかぎりにおいて自己省察と自己決定により自身の道を歩むことを願う者のことをさす。この個人が「いつ」登場したのかをはっきりと特定するのは難しい。ルネサンスの万能人をその起源の一つとする見方もあるが、ヨーロッパ中世においても自己を発見しようとする試みが存在しなかったわけではなく、またルネサンスにおける「個人」と啓蒙思想に見られる近代的「個人」とはあまりかかわりがないとする説もある。しかし、少なくとも一つ言えることは、一七から一八世紀の啓蒙主義が近代的個人の発見と展開にとってもっとも強力な推進力となったということである（Dülmen 1997 10-4）。

啓蒙主義とは、人間には本来理性が備わっており、その理性的能力によって現存する社会のさまざまな意識や社会的諸関係を批判し、理性に適った認識や秩序を構想しようとする考え方をさす。啓蒙主義運動の根底にあったのは、物事が歴史の経過とともに望ましい状態に向かうであろうという進歩への期待であった。将来人間は、教育・改革・制度的変化を通じて、自己の諸関係を、主体として、自ら、意識的に、責任をもって処理する能力を身につけるであろうという信念が啓蒙主義の中心をなしていた。

つまり、教育＝自己陶冶（Bildung）によって、人は理性を用い、社会や自分自身の未来をよりよい状態にしていく能力をもつと、啓蒙主義においては考えられたのだ。

一つだけ留意すべきことがある。それは、この「近代的個人」の発見は全ヨーロッパ的現象ではあるものの、地域や階層や性によりそれが普及する過程には時間の差が見られたということだ。一方で、「個人主義的な」振る舞いは近代初期においても存在したが、他方で、集団に個が埋没しているような伝統的な振る舞いが一九世紀においても存在した（Dülmen 1997 13）。さらに述べるなら、二〇世紀半ばごろまではヨーロッパにおいて大半の女性や労働者階級は家族や階級という集団に包みこまれた状態であった（これについては第七章で触れる）。

三　西洋におけるライフコースの時間化

以上のような新しい時間把握があって、そしてそのような考え方に沿うような社会制度が整えられ、社会学者マルティン・コーリーが、ライフコース（人生行路）の「時間化」、「時系列化」と呼ぶ事態が登場することとなった。

コーリーは、西欧社会の近代化につれ、人生にかかわるさまざまな制度が、年齢に沿ったかたちで、すなわち時系列的に形成されるようになり、しかも大半の者がそれにしたがって実際の人生を送るという意味で「標準化」されたことをさまざまな資料を用いて論じた。以下具体的に見ていこう。

まず、死の高齢への集中があげられる。

前近代社会の人々にとって、死はいつ何時でも起こりかねない出来事であった。乳児死亡率は高く、戦争や疫病、そして飢餓などにより、突然人生に終止符が打たれることもしばしば生じた。しかし時の経過とともに、乳幼児死亡率は低下し、さらに、死は青年期および中年期からもほとんど消滅するようになった。死が高齢に集中するようになったのだ。例えば、ドイツの一八七一から八一年の死亡状況においては、二〇歳に達した女性のうち一七・二％が四〇歳までに死亡し、四〇歳に達した女性のうち二九・六％が六〇歳までに死亡した。一九七九から八一年の死亡状況においては、値はそれぞれ一・五％、七・三％となる。同様の傾向はアメリカにおいても認められた。

第二に、働くということにかんして年齢に沿った人生の型が形成された。

産業化以前の社会では、身のまわりのことが自分でできるようになる年齢には、親の農作業を手伝う、丁稚奉公に出る、子守をするなど、働き始める者も多かった。学校教育をへずに職業につくことが可能であったのだ。

一九世紀の後半以降、先進各国において公教育制度が整備され始めた。義務教育が制度化され、特定の年齢での就学が義務とされるようになり、学級も年齢別に編制されるようになり、さらには学校教育を経由して職業の世界に入るシステムが整備されていった。これらにより、次第に学校で学ぶ期間が、職業につくための準備期間として年齢に沿ったかたちで出来上がっていった。

労働からの引退は、産業化以前の社会においては特定の年齢と結びつくことが相対的に少なかった。ある者は後継ぎたる息子に家業を引き渡し隠居生活に入るが、

ホワイトカラー　非現業部門の雇用従事者のことで、専門職、技術職、管理職、事務職、販売職などの職種がこれに属する。青い作業服を着て働く工員のことをブルーカラーと呼ぶのに対して、白い衿の服を着て働く職員をホワイトカラーと呼んだことに由来する。

隠居生活に入る時期は「ある特定の年齢」に縛られることはより少なかった。他方、金銭的な理由により体力の許すまで働いた者も多かった。

しかし、雇用労働が普及し年金システムが整備されると、職業からの引退はある特定の年齢において生じるものとなっていった。ドイツでは、年金制度は一八八九年に労働者を対象として制定され、これにホワイトカラーが一九一一年に参入し、一九七二年には自営業の任意加入へと至った。これにともない、年金支給年齢の境界が職業システムからの引退の年齢境界へとなっていった。すなわち、六〇歳以上七〇歳未満の男性のうち職業に従事する者は、一八九五年には七九・〇%であったが、一九八〇年には二五・一%にまで減少した。七〇歳以上の男性の場合、数値は四七・四%から五・二%へと減少を見せた。同様の傾向が、アメリカにおいても見られた。職業システムからの引退を一つの主要な指標として、「高齢期」が形成されることになり、そしてそれはある特定の年齢とより結びついて生じることとなった。

さらに、家族にかんするさまざまな出来事も特定の年齢に生じるようになっていった。

産業化以前の社会においては、親から独立し結婚して子どもをもうける年齢は人によって大きく異なり、生涯独身者も一割以上存在した。配偶者の死による再婚も多く、年齢の離れた夫婦も多く見られた。もうける子どもの数も多様で、多い者も少ない者もいた。末子の成人を待たずに親が死亡することもまれではなかった。

しかし、一九世紀後半から二〇世紀前半にかけて、次第に、何年かの幅はあるものの、ほとんどの者がある一定の年齢に親から独立し結婚して子どもをもうけるといった出来事を経験するようになる。「適齢期」の誕生である。子どもにかんしては、結婚して間もなく――したがって妻が三〇歳になるころまでに――二から三人もうけることが標準となり、そうでない夫婦が減少する。配偶者が青年期や中年期に死亡することもまれとなり、子どもが独立した後に夫の職業からの引退という出来事が生じる。子どもが巣立った後夫婦のみの世帯となる状態をさす言葉である「空の巣（empty nest）」は、相対的に早い時期の結婚、もうける子ども数の減少と子どもをもうける期間の短縮化、および平均寿命の伸びなどにより初めて出現した状態である。

アメリカのデータではあるが、マサチューセッツ州生まれの女性のうち、「結婚し、子どもをもうけ、少なくとも五五歳までは（死別も離別も経験することなく）夫とともに生活する」というタイプの人生を送った女性は、一八三〇生まれの集団においては二九・九％であったが、一九二〇年生まれの集団においては五七・一％に上昇した。「標準的」とされる人生の型が登場し、そのような人生を送る者が増えたのである。

このようにして、「大抵の者は○歳くらいには○○をしている」という人生の時間が作られるようになった。すなわち、職業へと入っていく準備期として学校に通い、その後職業につく、それと前後するころに親世帯から独立する、就職後間もなく結婚して家族を形成する、年金支給年齢を境として職業から引退するという具合に、人生が年齢という時間軸に沿って時系列化され、標準化されていった。それは、偶然の出来事の多い人生から予測可能な人生への人生の雛形の変化でもあった(Kohli 1985)。

この予測可能で相対的に安定的な人生の雛型を前提として、己の人生を発展的に設計する者が次第に増えていった。近代社会は、歴史上初めて個人による自己決定と自己実現の理念を人生の目標としてわがものにし、少なくともその自己理解によれば、この目標を達成するための社会的、政治的、経済的前提を作り出し保証したのである。ライフコースの時間化は、その重要な前提の一つであった。この相対的に安定した時間軸上で己の人生を設計しながら、人は主として職業における自己実現の歴史を歩むようになった。もっとも、西洋ですべての者がそうなったのではなく、これは主に中間層の男性に限定された現象であった。

われわれは自分の人生を一回限りのものとしてとらえ、そして、生まれや運に左

中間層

社会成層の中間部分を占める諸階層をさす。資本主義社会においては、資本家と労働者階級との間に位置し、自営農民や商工自営業者などの旧中間層と、非現業部門の被雇用者などから成る新中間層とに区別される。

右される部分はあるものの、自身の努力によって「何者か」になりうると考えている。生まれたときから何者か「である」のではなく、何者かに「なる」、なることが「できる」という点がここでは重要である。

このような考え方や、このような人生の実現をある程度保証する社会の仕組みがあって初めて、「おれは人生をあやまった」、「おれはなにものになれた？」、もっと「ちゃんとした暮らし」をしていたら、「いまとはぜんぜんちがう人間」になっていただろうにという、『モモ』に登場してくるフージー氏の自問が可能となるのである。

第五章

直線としての時間――日本の場合

一　日本におけるライフコースの時間化

西欧に起源をもつ直線としての時間観念は、明治以降、制度や思想といったかたちで日本社会に摂取され広まっていくことになる。

では、時系列にのっとったライフコースはいつごろどのように制度化されたのか。学校制度、職業システム、年金制度および定年制、そして家族にかかわる年齢規範の順に見ていく。

一八七二（明治五）年、明治政府は学制を公布し近代学校教育制度の建設に着手した。被仰出書の「学問ハ身ヲ立ルノ財本」という表現が示すように、学問は国民各自が身を立て、智を開き、産を作るためのものであるという教育観が唱えられ、小学校教育の普及に力が注がれた。一八八六（明治一九）年には学校令が制定され、小学校・中学校・師範学校・帝国大学などからなる学校体系が整備された。小学校は尋常・高等各四年に分けられ、尋常科四年が義務とされ、三年制の簡易科が認められた。

しかし、学校制度が順調に浸透していったわけではない。教育社会学者の天野郁夫によれば、学校制度発足当時、尋常科は通学が義務とされたにもかかわらず、就学率は決して高いものではなかった。新しい学校教育制度に庶民は当初無関心・無関係で、政府は就学率を高めるためにさまざまな努力を払ったが、庶民、特に多数を占める農民はなかなか子どもを学校に通わせようとせず、通わせたとしても子どもが学校を休むことは平気だった。安定した家業と豊かな家産をもつ者にとっては学歴をつんでの社会的地位の上昇をめざす必要はなく、彼らにとって新しい学校は寺子屋に比べ家業継承に役立たないからであった。また、義務教育程度の学歴や学力にせよ、それを卒業していないとつけないような職業もまだごくわずかしか存在していなかった。初等義務教育の就学率は、数字上は一八八三（明治一六）年に五〇%をこえたが、就学していた子どもたちの出席率は六五%程度でしかなく、実質的な就学率は三〇%程度であった。

新しい学校教育を積極的に受けたのは、士族であった。江戸時代、藩校やそれに代わる家塾など教育施設をもっていない藩はまずなく、ほとんどの藩ではある年齢まで教育を受けることがすべての藩士の義務とされていた。明治維新以降の一連の改革による藩の廃止と身分制度の解体は、士族にとって教育の機会と生計の手段を奪われることを意味していたため、新しい生計の道を切り開いてゆくためにも彼らは教育を必要としていた。そのような彼らがまず目指したのが、役人や教師への転身の道であり、これらは教育によって得られた学識を生かすことができる職業であった。

その後、商人層や富農層、そして次第により下の社会層においても小学校に子どもを就学させるようになり、就学率は上昇していく。二〇世紀に入るころに就学率は九〇%をこえた。一九〇七（明治四〇）年には義務年限が六年に延長されたが、このころから就学率は一貫して一〇〇%に近い水準を保つようになった（天野 二〇〇五）。

したがって、明治の末期ごろに日本社会において職業につく前の準備期間としての就学期が全国民にとって短いながらも登場したと判断してよいであろう。

では、学歴を市場能力として仕事につく仕組みは、いつごろ成立し確立したのか。一八八七（明治二〇）年に政府は官僚の任用制度を定めた。任用にあたって重視されたのが学歴と試験の成績であった。明治期、官僚はもっとも社会的威信の高い職業であった。人々の羨望の的であったこの職業につくに当たり学歴と試験の成績が重視されたことは、「学問ハ身ヲ立ルノ財本」であることを人々の目に見えるかたちで教えた。さらに、民間企業も、明治三〇年代後半から学歴重視の採用、「学校出」の採用を銀行や財閥系の大企業を中心に制度化し始めた。大正期に入ると民間企業が成長し、とりわけ第一次大戦後には民間企業が高等教育卒業者を大量に採用するようになった。このようにして、高等教育を受ける者で、初めからこれら企業に雇われて働く「職員（サラリーマン）」を目指す者が激増した（天野　一九九六　五一、二三四—五、二〇〇五　一五二）。

したがって、学歴を武器に職業につくシステムは、その「仕組み」としては大正期には確立されたと言えよう。とはいうものの、全体として見れば、戦前期に高等教育機関を卒業しその卒業資格により職につくルートをたどった者の数は多くはない。戦前をつうじて月給を支給される職員層は就労人口の一〇％をこえはしなかった（竹内　一九九六　一三二）。後に見るように、この仕組みが多くの者（正確には男性）の人生にかかわりのあるものとなるのは、戦後の高度成長期においてのことである。

他方、「高齢」はいつごろから年齢で区切られるようになったのか。高齢期を年齢で区切る制度として重要なのは、日本においては定年制と年金制度であろう。

まず、年金の歴史を概観する。一八七五（明治八）年には陸軍および海軍軍人のための恩給制度ができ、これが一八八四（明治一七）年には文官へと拡大された（恩給は一九五九（昭和三四）年に国家公務員共済組合に統合された）。一九〇七（明治四〇）年には国鉄共済組合が作られ、これに続いて専売、印刷、逓信など官業従事者の共済組合が設立された。一九四一（昭和一六）年には男性工員を対象とした労働者年金保険法が制定され（導入は翌年）、老齢年金などの支払いが規定された。これは、一九四四（昭和一九）年に厚生年金となり、対象が職員と女子にも拡大された。そして、自営業従事者や従業員五人未満の事務所の雇用者、家庭の主婦をも網羅する、国民皆年金が実現したのは一九六一（昭和三六）年のことであった。

他方、定年制の始まりは、海軍火薬製造所が五五歳定年退職制を採用した一八八七（明治二〇）年だと言われている。その後、定年制は次第に官営工場や民間企業に波及していった。協調会が一九二五（大正一四）年に発行した『主要工業規則集』によると、調査対象の七五工場のうち、二五・三％の工場が定年年齢を明記していた。定年制は、昭和に入るころにはかなりの普及を見る。一九三五（昭和一〇）年ころには、工員についても職員についても約半数の大企業が定年制を実施していた。また、一九二六（大正一五）年刊行の『日本大百科辞典』（三省堂）には定年（停年）について「武官の進級にかんする制度」としか載っていなかったのに対し、一九三六（昭和一一）年発行の『国民百科大辞典』（冨書房）には労務管理制度としての「定年（停年）制」の用語が記載されていたことから、このころに労務管理制度としての「定年制」の用語が社会的に通用するようになったと考えられる。戦時中に一時中断されたものの、定年制は戦後復活し、一九五五（昭和三〇）年ころにはその普及率が大企業でほぼ一〇〇％、中小企業で七〇から八〇％になった。一九六四（昭和三九）年には、従業員規模一〇〇〇人以上の大企業でほとんどすべての企業が、三〇〇人から九九九人の中堅クラスの企業でも九〇％の企業が定年制を採用している。したがって、定年制の定着は一九六〇年代前半だと言えよう（荻原　一九八四　一一―一七九）。

自営業には原則として定年はない。定年が厳密に適用されるのは雇用者のみである。雇用者の割合は、総務省統計局「労働力調査」によれば、一九五五（昭和三〇）年には男性就業者のうち五二％であったが、一九六五（昭和四〇）年には六九％、一九七五（昭和五〇）年には七六％、一九八五（昭和六〇）年には七九％と増加していった。

では、年金の支給年齢に達すると人は実際に職業から引退していったか。

総務省統計局「労働力調査」の年齢階級別就業率（長期系列データ）によると、六五歳以上七〇歳未満の男性の就業率は、一九六八（昭和四三）年は六七％であったが、一九八八（昭和六三）年には五三％、二〇〇七（平成一九）年には四七％と、七〇歳以上の男性のそれは、それぞれ三八％から、二六％、二一％と減少している（一九六七（昭和四二）年以前は時系列接続用数値の集計は行われていない）。

確かに減少はしているが、前の章に掲載されていたドイツの値と比較するなら、年金支給年齢をこえても働く男性の比率が高いのが日本の特徴である。しかし、定年制は適用されるのであるから、日本の場合、高齢期は、職業労働からの完全な引退というよりは、定年による、「フルタイム労働」からの引退により区切られると言ったほうが正確であろう。この意味における引退期が高齢によって区切られる事態が大衆規模で生じるのは、高度成長期においてであると言えよう。

家族形成にかんする指標はどうか。落合恵美子によると、初婚年齢のばらつきは一九五五（昭和三〇）年以降、それ以前に比べて値が小さくなり、一九七五（昭和五〇）年以降はまた分散が大きくなっていく。すなわち、初めて結婚するときの年齢は比較的まちまちであったが、経済の高度成長が始まるころから多くの者が同じような年齢、すなわち男性二七歳前後、女性二四歳前後に結婚するようになり、その傾向が低成長期に入るころまで続いたのである。

もうける子ども数にかんしては、明治生まれの既婚女性は過半数が四人以上子どもを産んでいる一方、一割前後は一人も子どもをもうけなかった。ところが、一九二〇年代前半ごろに生まれた既婚女性からもうける子ども数が収斂する傾向が見られ、一九三〇（昭和五）年前後に生まれた既婚女性以降は、二人か三人しか産んでいない女性が圧倒的になった（落合　二〇〇四）。計算を単純化するために既婚女性はみな二四歳で結婚したと仮定するなら、一九五〇年代半ばくらいからもうける子ども数が二から三人に標準化されていったことになる。

比較的高かった離婚も産業化の過程である時期までは減少していった。厚生労働省「離婚の年次推移」によると、人口千人に対する離婚率が一％程度ないしそれ以下を保持する期間は一九一五（大正四）年から一九七五（昭和五〇）年ころまでである。

平均寿命は、一九四七（昭和二二）年に男女とも五〇歳をこえ、一九五〇（昭和二五）年以降は五五歳を大きく上回るようになっていった。「死の高齢期への集中」という観点から見れば、やはり高度成長期に中年期から死がほぼ消滅していった。厚生労働省統計情報部「生命簡易表」によれば、四〇歳まで生存する者の割合は、一九四七（昭和二二）年は男性六八％、女性七一％であったのが、その後上昇を見せ、一九六五（昭和四〇）年には男性九三％、女性九五％になっている。六五歳まで生存する者の割合は、一九四七（昭和二二）年には男性四〇％、女性四九％であったが、これまた上昇して一九六五（昭和四〇）年には男性六九％、女性八

表２　特定の年齢まで生存する者の割合　（単位：％）

	男性			女性		
	40歳	65歳	75歳	40歳	65歳	75歳
1947（昭和22）年	68.0	39.8	18.5	70.9	49.1	29.0
1950-52（昭和25-27）年	81.8	55.1	29.4	83.2	62.8	40.5
1955（昭和30）年	87.0	61.8	34.6	89.0	70.6	47.6
1960（昭和35）年	89.7	64.8	36.1	92.2	75.2	51.5
1965（昭和40）年	92.6	69.1	39.9	95.0	80.0	57.1

出所）厚生労働省統計情報部「生命簡易表」より抜粋

○％になっている（表２参照）。

したがって、家族にかんする事柄も、初婚年齢の標準化、もうける子ども数の標準化および減少、離婚率の低下および平均寿命の伸びなどにより、「一定の年齢で、結婚し、二から三人の子どもをもうけ、子どもを育て上げた後、子どもの巣立ちを経験し、少なくとも五五歳くらいまでは死別も離別も経験することなく夫婦ともに生活する」という人生を多くの者が送るようになったのは、やはり戦後の高度成長期においてであると考えられる。

以上のことから、日本においても、子どもの時間から学校の時間、職業を営む社会人の時間、そこから引退する老後の時間と、直線的な時間軸に沿って人間の人生が制度化され、その移行の時期が年齢によって区切られていったことが分かる。時期を述べるなら、それは大正期にはごく限られた人々において当てはまるようになり、その後より多くの人々がそのような制度化の影響下に入っていき、このようなシステムが完成の姿を見せ始めるのが高度成長期においてであったと言ってよいであろう。

二　出世観の変遷と日本における「個人」

一八七一（明治四）年、中村正直によってサミュエル・スマイルズの『自助論（Self Help）』が翻訳され『西国立志編』という題名で出版された。この本が当時の若者にあたえた衝撃は想像を絶するほど大きく、この本は一八七〇年代初めに他のどんな書物よりも若者に大きな影響をおよぼしたと言われている（キンモンス　一九九五　二五）。

この本では、自立自助の個人主義道徳が説かれていた。したがって、この翻訳書とともに、日本においても、自己の努力により自己実現を果たしていく人生観が明治初期に輸入されたことになる。輸入された後、このような人生観は根づいていったのだろうか。

教育社会学者の竹内洋によれば、今日では社会的地位の上昇移動という意味で使われる「出世」という言葉は、本来、仏教語であり、上昇移動という今日の用法は本来の意味にはなかった。仏教語たる「出世」の基本的な意味は二つあり、一つは仏が衆生を救うためにこの世に現出すること、もう一つは世間を超出すること、具体的には仏道の世界に入ることや、世俗世界に対する仏法の世界を意味した。

江戸時代においては、「立身」と「出世」が別々に用いられることが多く、武士の世界では「立身」が、町人など庶民の世界では「出世」が使われていた。地行の加増が武士の立身の内容であり、家業を広げ家産を増やすことが町人の、田地家産を増やすことが農民の出世であるというように、野心のもち方が身分によって分けられていた。また、この時代には「立身」にしても「出世」にしても積極的な価値は付与されていなかった。

このような状況が明治以降変化し、社会的地位の上昇という意味での「立身出世」がプラスの価値をもつ「規範」として次第に普及していく。立身出世主義の標榜者は、明治前半期には士族の子弟と上層庶民の子弟が中心であったが、明治後半期以降一般庶民にまで広まった。

他方、明治後半から大正期にかけて官僚の任用制度が整備され、民間企業による大卒採用が盛んになることにより、社会的地位を上昇させる主たる方法は制度化された順路をたどるものになっていった。それにしたがい、出世の有力なルートとして「サラリーマン（職員）」が浮上してきた。とは言うものの、戦前においてサラリーマンは高等教育に進学する、一割にも満たない人の話であった。戦前期、出世の尺度は一元的であったが、出世のルートは官界、経済界などの地位登攀以外に、軍隊、各種検定試験、裸一貫からの実業家への道、海外移住など多元化していた。この多様であった出世のルートが戦後になると一つになり、「出世」が主として組織のなかで高い地位につくことを意味するようになる。

戦後、とりわけ高度成長期に高等学校や大学への進学率が急上昇を見せる。また、産業構造の転換により、自営業者およびその家族従事者の割合は減少し、雇われて働く者の割合が増大する。職員という意味でのサラリーマンは、一九五五（昭和三〇）年に一四％、一九六五（昭和四〇）年に一九％と増加していった。

他方、戦時体制下および占領下の諸政策により、職員と工員（労働者）の地位が接近した。すなわち、戦時体制下に職員の初任給は工員とほとんど変わらなくなり、占領下には職員、工員といった名称上の差別が廃止され一律に社員としてあつかわれるようになった。戦後になると、さらにこれら二つの職種の仕事の種類も次第に接近していった。

戦前において、サラリーマンは教育ある「中産階級」の社会的表徴であり、同じ雇用者でも工員は「サラリーマン」ではなかった。しかし、右に述べたような過程をへて、サラリーマンはその差異化機能を喪失し、次第にたんに雇用されている人々一般の呼称になった。こうしたサラリーマン概念で見れば、サラリーマン世帯は一九七〇（昭和四五）年には七五％になる（竹内　一九七八、一九九五、一九九六、二〇〇五：間　一九八九）。

つまり、男性就業者における雇用者の割合の増加、工員と職員の差異の消失による「サラリーマン」概念の膨張という、これら二つの要因により、「出世」は、会社の重役や高級官僚のように組織のなかで高い地位につくことを意味するようになっていった。

ここまでの話をまとめてみよう。家柄、身分などの生得的地位がその者の一生の社会的地位を決定するのではなく、その者の能力と努力により社会的地位を獲得する機会を人に提供するシステムが明治以降徐々に確立していった。そしてそのような人生をよしとする価値観が、日本の場合、明治期以降に「立身出世」という言葉で表現され広まっていった。社会学者タルコット・パーソンズの用語を用いるなら、所属本位から業績本位への価値観の変化である。しかし、出世のルートの一元化により、社会的地位の主たる獲得方法は組織のなかでの地位の上昇になっていった。

それでは、組織のなかで高位についた者において、ヨーロッパ的な「個人」、「自己決定」、「自己実現」といった理念やそれに沿った生き方は共有されたのであろうか。

ヨーロッパにおいては、自伝の語り方に変化が見られ、自己実現の歴史として自己の人生を語る語り方が登場したことは先に見た。しかし、日本では事情が異なった。

明治初期にスマイルズの『自助論』が翻訳され、自立自助の個人主義観が紹介されたことは先に述べた。しかし、歴史学者のアール・H・キンモンスによれば、明治初期には、個人の成功や失敗は個人的な行為を行ったがゆえの責任と認識されていたにもかかわらず、「立身出世」は個人主義的な色彩をもたず、社会的・非個人主義的なものと見なされていた。個人が成功をおさめようと思い行為するその出発点が、家のために発奮して出世し富貴をえるということにあったからである（キンモンス　一九九五　七三―五）。

濱口恵俊を中心とする研究グループは、日本経済新聞に掲載された「私の履歴書」という自伝を分析し、明治生まれの名士において、人生の転機が重要な他者によってもたらされた、あるいは、重要な他者による助言によって人生の選択がなされたと語られることが多く、自身の決定によって人生が展開するような個人主義的な語り方をする者はまれであることを指摘している（濱口編　一九七九）。

一九九〇年代半ばに筆者らが名古屋で実施した生活史の聞き取り調査においても、男性には濱口らが指摘したのと同様の傾向が見られた（伊藤　二〇〇三　一二三―二三四)。

なぜそのような違いが生じたのか。その理由として、社会学者の島田信吾は、日本ではヨーロッパと比較してライフコースの制度化や時間化が(とりわけ戦後に)あまりにも厳密になされすぎ、そこにおいて個々人が自分の人生を発展的に構想し実現していくような自由な余地がほとんどなくなってしまった可能性をあげる(Shimada 1994 222)。

島田の見解を傍証する文章を書いているのが哲学者の内山節である。内山によれば、一九六〇年代に日本型市民社会が完成の姿を見せ始めたが、そのとき人々が感じたのは「自分の一生が社会のシステムどおりにつくられていくという感覚」(内山　一九九三　一八二)であった。

現在という時間は二度と帰ってこないという強迫観念にかりたてられながら……社会の支配する縦軸の時間に合わせるように歩んでいかなければならなかった。まるで私たちの一生は、子どもの時間から学校の時間へ、社会人の時間から定年を経て老後の時間へと定められているようであった。(内山　一九九三　一八二)

竹内は、一九九五年に出版された書物において、戦後日本社会においては、人々のライフコース認知図が職業モデルではなく、職場（サラリーマン）モデルであるために、職業モデルであれば小さいころから考えざるをえなくなる「何になるか、何をするか」という遠い未来の野心を背後に退かせること、加えて受験と職場での選抜システムが「イイ高校、イイ大学、イイ職場、昇進」といった風に目前の選抜をとにかく勝ち残ることに目標をより集中させてしまうことを指摘する（竹内　一九九五　二四二）。

こういった構造が、内山が述べたような、個々人の人生が実質上社会システムによってほとんど「定められ」ている感覚を人々にあたえたのではないか。「何がイイか」については、個々人が決定するというよりも社会の支配的価値観がすでに存在し、そのなかで、例えば受験であれば現在の自分の偏差値を勘案しての「イイ高校」、「イイ大学」が多くの場合「自動的に」決定されていったからである。

第六章

女性と時間

一　女性にとっての時間

産業化が進展するにつれ、農業などの自営業を中心とする社会から、雇用者を中心とする社会に変化していった。雇用者において、仕事は、家庭とは離れた場所に位置する職場に通って行うものになった（家庭領域と職業領域の分離）。雇用者の賃金は、最初は官僚や上層の会社員において、そして次第に一般の会社員や工場労働者においても、夫一人分の収入で妻子を養えるほどに増加し、それにつれて彼らの妻は家庭領域で家事・育児をもっぱらの仕事とする主婦となっていった。こうして、「男は仕事、女は家庭」という近代的性別役割分業が広まっていく。

これまでの時間観念については、ジェンダーの違いに言及せずに考察してきた。

ジェンダー
生物学的な男女の違いを意味する「性（sex）」に対して、社会的・文化的に作り出される男女の違い（「男らしさ」、「女らしさ」など）をあらわす概念のこと。

もちろん、今まで見てきたような時間観念は男女を問わず当てはまるものである。しかし、性別役割分業が一般化するにつれ、成人男性は職場で、成人女性は家庭で日々を過ごす傾向が強くなった。家庭領域では、職場で見られたような、量として測定される時間とは無関係な時間が支配していたのであろうか。男性には、ライフコースの時間化にともない、学校の時間、仕事の時間、引退後の時間という時間軸上に人生を構想していき、この時間軸上において自己実現を果たすという理想も（特に欧米の場合）生まれたが、女性の場合はどうであったか。第六章ではこれらの点について考察してゆく。

二　主婦自身による時間管理と人格の進歩

職場における労働が「量としての時間」によって評価され支払われるようになるにつれ、家庭領域における仕事である家事にも「量としての時間」はかかわりをもつようになる。このことをアメリカと日本を事例として見ていこう。

アメリカの家事に時間にかかわる言説が登場したのは、一九世紀中葉のことであった。カルヴィニストのビーチャー姉妹は、一八六九年に『アメリカン・ウーマンズ・ホーム』を公刊している。彼女らがこの本を著した目的の一つは、一般に低いものと見なされていた家事の地位を高めること、家事に「システムと秩序の習慣」をもたらすことであった。この本の「時間と出費の経済学」と題された章では、あらゆる時間を何らかの有益な目的のために使うことは主婦の義務であり、睡眠や食事の用意、生活必需品の管理、知的向上、運動や余暇活動、社交、宗教的なつとめといった事柄について、「時間の適切な配分」がなされるべきだと説かれている(Beecher and Stowe 2002 19–185)。

ビーチャー姉妹の思想をうけつぎ、そのうえで科学的管理法の手法を家事に導入したのが、クリスティーヌ・フレデリックである。彼女は、一九一二年に初版が出版された『新しい家事——家庭経営における能率研究』で、家事のそれぞれの仕事には正確な標準時間があること、動作研究からそれぞれの家事の標準時間を設定し、標準時間にしたがって一日および一週間の家事の時間割を作成すべきこと、家事の作業をいくつかの作業過程、例えば、皿洗いを、「皿をこすってきれいにし、積み重ねる」、「皿を水ですすぐ」、「乾かし、収納する」の三つの作業過程に分解し、最良のないし標準的な方法で行うことを説いている(Frederick 1913 18–31)。

こういった、科学的管理法の家事への導入という発想は、彼女の専売特許ではなく、一九一〇年ごろからアメリカのさまざまな雑誌において見られたものであった(Williams-Rutherford 2003 44–5)。そのような思想傾向を端的にあらわしたものとして、フレデリックの著書は位置づけられる。

『新しい家事』の序文には、家事効率化の目的は「少し読書をしたり、若干のアイデアを書き留めたりする」「余暇時間」を獲得し、「自分の個性と自立のために、少しだけ『より高度な生活』を獲得」することにあると述べられている(Frederick 1913 vii–viii)。

こういった記述から、この時期のフレデリックの活動は進歩主義の顕現であると、歴史家ジャニス・ウィリアムス＝ルーサーフォードは主張する。プロテスタントであったフレデリックは、科学や技術や組織や管理――一言で言うなら「近代化」――により、社会が理想状態への道を歩む速度が速められるであろうと信じていた。専門知があらゆるレベルで社会を利するであろうという信念や、科学的管理法はよりよい生活をもたらすであろうという考えは、彼女が有していた進歩観の反映であった(Williams–Rutherford 2003 86–7)。

このように、家庭領域においても時間を量的なものとして把握したうえで科学的な時間管理を実行するという発想がフレデリックにはあった。また、それによって日々の生活をよりよいものにするという考え方、言い換えれば、時間を、過去、現在、そして開かれた未来をもつ直線としてとらえ、未来の生活をより進歩させるという考え方が存在した。

他方、日本においては、婦人雑誌『婦人之友』の創始者である羽仁もと子が家事の合理化を推進している。彼女は、『婦人之友』の前身である『家庭之友』を創刊した一九〇三（明治三六）年から誌上において主婦や家族構成員の時間割を作成し、計画的に家庭内の仕事を進めることの重要性をさかんに説いた。

羽仁の主婦の時間割は時の経過とともにより詳細になっていくのだが、基本的な発想は時間を貨幣とパラレルにとらえ、家計の予算と同様に時間の予定を組むというものである。そこでは、家事にかんして月別および曜日別の予定や一日の予定が紹介されている。例えば、一年間の予定は、二月は家族構成員すべての春衣の見積もり、つぎもの・縫物をする、三月は春衣の仕立て上げと冬物衣料をほどいて洗濯するといった具合に、一週間の曜日別予定は、月曜日は洗濯、火曜日はのりつけ、水曜日は食器磨きといった具合に立てられ、一日の予定については早朝、午前、午後、夜のそれぞれにすべきことが記されている。

科学的管理法の発想も家事に取り入れられている。「標準時間の設定」にかんしては、例えば、一九一三（大正二）年の『婦人之友』のいくつかの号で、「料理に要する時間と費用の研究」、「衣類整理に要する時間と手数」など、料理や衣類整理の「標準時間」が調査されている。一連の作業を単純労働の組み合わせに分解し、単位時間を設定することを科学的管理法の主な特徴の一つと見るなら、一九二七

（昭和二）年に出版された『羽仁もと子著作集第九巻』には、洗濯にかんしてそのような試みがなされている。すなわち、シーツ、白単衣、ネルのねまきのそれぞれについて、洗う時間、一回目のゆすぎ、二回目のゆすぎ、三回目のゆすぎの標準時間が設定され、この標準時間に主婦の能率を近づけてゆく工夫をするよう促している（羽仁　一九六六b　一六九—七三）。

なぜこのような時間管理を行うのかについては、主婦自身も「進歩」し「人格」を完成させるためだと説かれる。例えば、「私どもは……独立の人格を持たなければなりません」（羽仁　一九六六a　三三）、「夫も妻もたえず修養に志して……日々に新たな人の如く進歩しなくてはならない」（羽仁　一九六九　八）、「誰でも……自分ひとりの時間というものがなくてはならない……わが身のことを考えてみなくてはなりません。……行末のための勉強もしなくてはなりません」（羽仁　一九六六b　三三—四）と記している。

このように、羽仁は主婦も独立の人格をもち進歩すべきであり、そのために自分のための時間をもち勉強しなくてはならないと説く（伊藤　二〇〇二）。時間管理を積極的に提唱した羽仁もビーチャー姉妹もフレデリックも同様にプロテスタントであった点は興味深い。

以上見てきたように、家庭領域においても、規律時間や進歩の観念は浸透していった。それは、アメリカにおいても日本においても同様であった。

もっとも、第二章から五章までに見た「時間」と比較するなら、多少の変容は被っている。「量としての時間」という時間把握の仕方は能率的な家事運営に役立てられたが、主婦の家事労働が時間単位で貨幣に換算されるわけではなかった。つまり賃金を支払われるわけではなかった。また、主婦の「進歩」と言っても、キャリアが上昇するわけでも起業で成功するわけでもないので、それは「人格の完成」のような、高度に精神的なものにとどまっていた。これらの点において、家庭領域における時間は、男性労働における時間とは異なっていた。

三　家事の商品化と主婦の時間

さて、アメリカでは早くも一九二〇年代に消費社会への移行が生じた。この時期、経済は繁栄し、都市化の影響で都市人口が農村人口を上回り、消費主義がアメリカの生活様式となった。自動車やラジオや映画が、このようなアメリカの日常生活の変容を手助けした（Williams-Rutherford 2003 156)。

このような社会の変化にともない、科学的家事管理者であったフレデリックの活動も変貌してゆく。

彼女は、一九一〇年代半ばから家事省力装置をテストし、その結果よいと判断したものを消費者に紹介する記事を執筆し始め、一九二〇年代にはそれに本格的に着手する。その集大成として著したのが、一九二九年出版の『ミセス・コンシューマーへの売り込み』である。新しい家事関連商品を購入することで家事を合理化し、それによって家庭を近代化するというのがこの本の基本的発想であった。彼女は、さらに、「消費」に対して新たな意味を付与する。すなわち、商品が使い古される前に新しいモデルに取り替える消費を「創造的」浪費として「真の」浪費とは区別し、消費の増加は余剰商品をかかえるアメリカ産業を救うと主張する（Frederick 1929 79–84）。

フレデリックは、消費は民主的理想であるという考えを促進する「モダニティの主唱者」になってゆく。彼女は、消費社会の宣伝家へと変貌したのである（Williams-Rutherford 2003 127–48）。

家事の合理化とそれによる主婦の自由時間の創出は、主婦の工夫や努力によらなくても、商品化されることで可能となった。ならば、自らの工夫によるよりも便利な商品を可能なかぎり購入するほうが早いという考え方も登場してくる（柏木　二〇〇〇　一一六）。

『ミセス・コンシューマーへの売り込み』に端的にあらわれている、このような家事に対する新しい心性は、アメリカでは一九二〇年代に登場し次第に普及していった。

では、日本ではどうだったのか。

終戦から高度成長期が終焉するころまで日本でもっとも読まれた婦人雑誌と言われている『主婦の友』や、創刊時から一貫して時間にかんする記事を多く掲載してきた『婦人之友』の記事を読んでいくと、日本では、主婦自身の時間管理によって家事を効率的にこなし自由時間を作るという発想から、便利な家電製品を購入することで主婦の自由時間を確保するという発想の転換が、高度成長期に生じたことがわかる。

教養層の女性を主たる読者層としていた『婦人之友』では創刊以来、主婦自身の工夫による時間節約という発想が見受けられた。そのような考え方にのっとって、生活時間調べや家事の標準時間設定がなされた。戦時体制に入るころから「協同家事」という発想が登場し、戦後間もない時期には協同家事と台所改良による労力や時間の軽減という考え方が登場する。そして、高度成長期の間に家電製品の購入による家事省力化という考え方が強まっていく。

その変化は、家庭電化製品の普及により家庭生活が「転機」をへているという一九六〇（昭和三五）年七月号の記事に如実に——しかも自覚的に——あらわれている。この号では、『婦人之友』の読者の会である、全国友の会会員による生活時間調査（前年四月実施）の結果から、家庭生活が「家庭電器器具の普及や生活様式の変遷などによって、一つの転機をへている」という指摘がなされる。すなわち、会員の家事時間は、四、五年前の全国調査よりも約四〇分、「大分へって」いることが指摘され、「時間と経済と技術という三つのものが揃っていることが何よりも大切」であり、「お金をかければ物事は早くすむし、お金を節約すれば時間がかかる」のであるから、場合によっては「既製服を買ったり、できているおかずを買ってきてもいいのではないか」といった主張がなされる。

この記事から、金銭で家電や家事サービスを購入することにより時間が節約可能だという考えが存在し、また実際にそのような生活形態へと変化したという認識も存在していることが確認できる。

では、『主婦の友』においてはどうであったか。一九一七（大正六）年に、より多くの女性をターゲットにすべく、小学校卒業程度の学力で読めるよう漢字にルビをふって創刊されたこの婦人雑誌においては、時間にかんする記事は『婦人之友』ほど多くはない。

主婦自身の手による時間節約の記事が最初に登場したのは、一九一九（大正八）年一一月号で、時間節約の記事はこれを含めて終戦までで合計八回登場する。戦後になると、主婦自身の工夫と努力による家事の能率向上という考えは、この雑誌においてなくなるわけではないが徐々に減少していく。詳細は省くが、高度成長期前夜がこの雑誌における家事の計画立案という発想のピークである。

したがって、『主婦の友』は、主婦自身の頭を使って家事の能率をあげるという発想を『婦人之友』に比べてあまり強くもたないまま、家庭用電化製品に代表されるモノやサービスの購入によって家事の労力や時間を省くという発想に突き進んでいったようだ。

一九五四（昭和二九）年六月号では「共同で電気洗濯機」、「交互に使って能率をあげている方々もあります」として、家電の共有を勧めている。同年七月号では「洗濯を、もっと合理的に楽しくと、最近洗濯機のめざましい能率が、主婦をよろこばしております」という記事が掲載されており、ここでは能率は主婦自身によってではなく機械がもたらすものとなっている。もっとも、一九五九（昭和三四）年三月号では「一ばん役に立つ洗濯機」、個人で「洗濯機はぜひほしい」という内容の記事が掲載されており、ここから、一方で洗濯機を個人で所有するという発想が少なくとも『主婦の友』という雑誌上に存在するものの、他方で洗濯機はまだ多くの者にはゆきわたっていないことがわかる。

ところが、この記事から一年半後の一九六〇（昭和三五）年一〇月号には「アッというまにゆきわたってしまったのが電気洗濯機だといわれています」という記事が掲載されている。洗濯機の実際の普及率は、『昭和三九年全国消費実態調査報告第七巻』によると、一九六〇（昭和三五）年の時点で一〇〇〇世帯（単身世帯を除く）当たり三五一台であるので、「ゆきわたった」という表現はかなりの誇張であるが、洗濯機に対する時代の雰囲気は感じ取れる。一九六七（昭和四二）年一二月号では、「クリーナー……洗濯機、冷蔵庫とともに、主婦の労働解放に大きな役割を果たしています」という記事があり、さらに一九六九（昭和四四）年九月号では、「共働きの家事をもっとうまく」と題し、「少ない時間の中で能率よく仕事を進めるために」、「家事計画を立てること」とならんで「便利な生活器具をとり入れ」ることを勧めている。ここでは、機械による家事労働の軽減はすでに既成の事実であるような表現がなされている。

以上のことから、『主婦の友』においては一九六〇年代前半に、便利なモノ・サービスを購入することで時間や労力を軽減するという発想が強まっていったと推測できる。

先に見た『婦人之友』の転換時期と考え合わせるなら、日本においては一九六〇年代前半にこのような発想に変化したと推定できよう。それは、主婦自身の手によって自ら作り出す自由時間から、商品の購入によって作り出される自由時間への変化でもあった。

ただし、ここで二つの点に言及しておかなくてはならない。一つは、家庭電化製品を購入することで家事労働を軽減するという言説は、一九五〇年前後からすでに登場していたことである。しかし、当時、家庭電化製品を積極的に購入しようとした主体は男性であり、女性の心性の変化はまだ生じていなかった（岩本　二〇〇七　二二六―四八）。家庭領域における「女性」の時間意識の変化を考察するには、婦人雑誌における記事内容の変化を見るほうが（雑誌上の言説と現実の女性の意識との間に何がしかの乖離はあるだろうが）より適切であろう。もう一つは、家電製品購入によって実際の家事はそれほどには減少しなかったという指摘もあることだ（品川　二〇〇七　二一九―四九）。しかし、ここではあくまで「発想」の転換に着目したい。

近代産業社会には、市場化され、市場の法則――換言するなら貨幣原理――が効力を発揮する生産領域と、市場化されなかった再生産領域という二つの領域が存在した。後者の領域は「家庭」と呼ばれ、そこでは無報酬の愛という原理が支配していた。貨幣原理はここでは機能しないはずであった。

ところが、その家庭領域で行われる活動たる家事労働が、家電製品を購入することで軽減可能と考えられるようになり、主婦の自由時間が貨幣と交換可能ととらえられるようになっていった。この過程は、家庭領域にも市場原理すなわち貨幣原理が貫徹するようになってゆく過程でもある。もっとも、主婦の家事労働は相変わらず貨幣によって支払われないのであるから、それは、（時間と貨幣が双方向で交換可能であるのではなく）貨幣によって主婦の自由時間を購入することができるという一方向における変化ではあるが。

しかし、家事が主婦労働によらずとも貨幣によって調達可能と考えられるようになった結果、家事の地位が次第に貶められていく過程が、特に『主婦の友』において観察できる。例えば、『主婦の友』の一九七〇（昭和四五）年四月号の日立全自動洗濯機の広告では、「こまねずみのように働く主婦のイメージは、もう古い。七〇年代に生きる奥さまらしく、家事もどんどん機械にまかせ、あなたでなければできないことに、思い切り時間を使ったら……あなたの時間がフルに生かせます」とあり、家事――少なくとも洗濯――は「あなたでなければできないこと」ではないとされる。その結果、「主婦」存在自体を主婦自身が自問するような記事も登場してくる（伊藤　二〇〇六）。

女性にも市場原理が適用され、個人として生きるよう促されるようになるまでにはあともう一歩のことであった。このことについては第七章で論じたい。

第七章

現代人と時間——最近の傾向

一　社会の構造変化と時間意識

現在、社会の構造変化が生じつつあるという見解が社会科学者のなかで共有されつつある。それは、産業構造の変化に着目して「工業社会」ないし「産業社会」に対する「情報社会」あるいは「知識社会」と呼ばれたり、社会全体の構造変化に着目して、「第一の近代」に対する「第二の近代」または「再帰的近代」などと表現されたりする。このブックレットにおいて、そして従来の社会学において、これまで「近代」と呼ばれていたものは、近年の社会学では「第一の近代」と呼ばれ、それに対して、構造変化後の時代は「第二の近代」あるいは「再帰的近代」と命名され、それぞれ区別される傾向にある。

こういった構造変化は、アメリカの場合は、その萌芽は一九六〇年代にかけて見られたものの、本格的移行は一九七〇年代の初頭において生じたと言われている。(西)ドイツの場合は、一九八〇年代にはその移行が多くの人の目にはっきりとわかるようになった。日本の場合は、変化の萌芽は七〇年代半ばから存在したものの、それが顕著になるのは九〇年代半ばに入ってからであろう。

このような社会の構造変化にともない、社会生活における支配的な時間の形態が変化してきている。この最終章では、これまでに見てきた時間が、労働、人々の一生、女性、そしてメディアにおいていかなる変容を経験しつつあるのかについて考察し、最後に、そこから共通にうかがうことのできる傾向について論じる。

二　労働における時間

現在、日本をふくむ先進国において、大量生産を中心とする産業社会から知的生産を中心とする情報社会への移行が進展している。

産業社会においては、同一製品を大量に生産するために、勤務時間および勤務場所に縛られた工場やオフィスの労働が中心であった。仕事の内容や労働時間は、言わば「標準化」されていた。これに対して、企業が新しい製品や技術、新しい組織形態や市場をつねに追求することによって価値が生み出される情報社会においては、個人一人ひとりの知的労働が中心となる。この知的労働においては、仕事は労働の時間量ではなく、成果によって評価される。肝要なことは、新しくてよいアイデアが浮かぶことであり、その仕事のために何時間費やしたとしても、成果があがらなければ仕事の評価は低くなる。

このような新しい生産システムには、産業社会で主流であったような労働時間や場所の規律・管理は適さない。勤務時間（出勤時刻や退社時刻）や勤務場所は、よいアイデアが浮かぶのであれば柔軟であってかまわない。したがって、従来のような、労働時間の長さ、すなわち時間の量によって決まる賃金体系も崩れてゆかざるをえない。

日本の企業社会では、産業社会の時代においても、賃金の支払われないサービス残業を行ったり、有給休暇をすべて取得することは現実には難しかったりと、日々の労働において厳密に時間を貨幣に換算する仕組みはあまり浸透せず、したがってサラリーマンが労働時間と自由時間とを明確に区別することは事実上困難であった。しかし、より長期的な観点に立てば時間の量によって仕事が評価されていたとも言える。会社に定年まで勤務することを前提に給与も（順調にいけば）役職もエスカレーター式に上昇してゆく「年功序列制」は、角山が指摘するように、給与と昇格が原則として広い意味での勤務時間の長さ（＝時間の量）によって決まるシステムであったと言えよう（角山　一九九八　五六）。

しかし、この年功序列制は一九九〇年代半ば以降、見直しが叫ばれ、新しい昇給制度が模索されている。

産業社会では、雇用者の時間は、西欧においては工場を所有し労働者を雇用する資本家のものであった。日本においては「会社」のもの、しかも法律や労働契約で定められた労働時間だけではなく、生活全てが会社のものであったと言ってよいであろう。労働時間は、法律上は戦後から一九八七年までは週四八時間、一九八七年からは週四〇時間、一日八時間労働と規定されていたが、二四時間会社のために働き、残業で会社に寝泊りするのが日本のサラリーマンであったからだ。

しかし、一九九〇年代後半以降、終身雇用制の見直しが叫ばれ、非正規就労も増加し始めた。終身雇用制は正社員に限定するなら今のところその適用範囲をより限定するような動きにはなっていないが、見直しが叫ばれたこと自体が、そして一九九〇年代後半に大手金融機関が破綻したことが、人々に、大企業に勤めていたとしても「今の会社に定年までいられないかもしれない」という感覚を植えつけ、転職に対する心理的ハードルを下げた。自己の職業人生が一つの会社で終らない可能性が高くなるのであれば、個々人は職業人生という時間における自分のキャリアを自分で設計しなくてはならなくなる。

同じ時期に出世観も変化してきている。戦後の高度成長期・低成長期を通じて出世と言えば組織のなかで高い地位に就くことを意味していたが、一九九〇年代後半から二〇〇〇年代にかけて実施されたさまざまな調査結果から、組織のなかでのポスト争いではなく、広い意味でのプロフェッショナルとして社会において評価されること、あるいは起業家として活躍することを成功の証だとする考え方が就業者に浸透しつつあることが指摘されている。文字通り「世に出る」ことへと出世観が変化してきている（太田　二〇〇一　八六―九）。

出世観のこのような変化は、個々人の職業人生という時間が、会社という一つの組織に包摂された状態から部分的に解き放たれたことの一つの証であろう。

産業社会においては時間の管理者は、資本家（西欧）や会社（日本）であった。これが、情報社会においては個人へとシフトしつつある。時間を個人で管理する側面がより強くなっているのだ。この点に注目して、時間の「個人化」と呼ぶこともできよう。

また、優れたアイデアや作品を常に生み出す必要に迫られる社会にあっては、時間は、客観的尺度としての「量」として機能するよりはむしろ、個々人が自らの労働・余暇・生活時間を設計し活用して、個人が主体的に作り出し活用する「資源」

となる。労働時間の「質」が問われるようになったと言ってもよい（角山　一九九八）。

三　一生という時間

第五章で見たように、近代産業社会がその姿をあらわし、完成に至るにつれてライフコースの時間化が生じた。ほとんどの者が同じくらいの年齢（期間）に学校に通い、仕事をし、そして引退するという意味において、それは「標準化」でもあった。

しかし、一九七〇年ごろから日本をふくむ先進諸国において、国によってその開始時期や変化の速度に違いは見られるものの、以上で述べてきた傾向とは逆行するような現象が登場し始めた。

まず、結婚する年齢が再び分散し始め、生涯未婚率も再度上昇し始めた。子どもをもたないカップルも増加傾向にある。みなが同じくらいの年齢で結婚し、同じくらい年齢において二、三人の子どもをもうけるというわけではなくなったのだ。さらに近年では、科学技術の発達にともない、卵子の冷凍保存などによって女性の生殖可能な年齢境界が消滅しつつある。それどころか、精子さえ保存されていればその男性の死後でも受精が科学的には可能になった。このように、家族形成にかんして人生時間の非標準化ないし非同期化の傾向が強まってきている。

学校を卒業して社会に出て働く、すなわち就学期から就労期への移行時期についても先進国に共通した変化が見られる。というのは、学卒後職業世界への移行を順調になしとげる者がいる一方で、学卒後直ちに職業世界へと入っていけない若者(ニート、フリーターなど)が増大し、親の経済力に完全に依存しているわけではないが、自己の経済力のみで独立して生活を送っているわけではない状況が出現したからである。学期中にもかかわらずアルバイトを週二〇時間以上し学校には欠席や遅刻も多い「パートタイム高校生」の存在も指摘されている。学卒後直ちに職業世界への移行がなされないという事態は、先述のコーリーの用語を用いるなら、職業労働への準備期から実際に働いている活動期への「移行」の曖昧化であり、準備期に当たる時期にすでに労働という活動を行っているという事態は、準備期や活動期という「期間」自体の曖昧化でもある。

さらに、年金システムが機能不全を起こせば、金銭的に引退が不可能な者も相当程度登場し、引退(=高齢期の開始)も特定の年齢境界において生じる現象ではなくなるであろう。

つまり、人生という時間が、産業社会時代においては時系列化され、多くの者が同じくらいの年齢で人生上の特定の出来事を経験するという意味で、標準化、同期化されていったが、一九七〇年ごろから人生の時間にかんして、標準化に対する「多様化」、同期化に対する「非同期化」の傾向があらわれ始めたのだ。

加えて、産業社会たる第一の近代においては、そこに至る道は多様であったものの「何になるか」という人生の目標は明白であった。しかし、再帰的近代においては「何になるか」という目標すら一義的ではなくなってしまったと社会学者ヴォルフガング・ボンスらは指摘する（Bonß u.a. 2004）。

「何になるか」という人生の目標を「人生モデル」と言い換えることもできよう。「学校を出てサラリーマンになり定年まで勤める」、「学校をでて少しの間お勤めをし、二〇代前半で結婚して主婦になる。その結婚は離別も死別もなく高齢期まで続く」といった、ほとんどの者がお手本とするような、男女で異なる「標準的な人生」モデルがモデルたりえなくなり、人生にかんして自分で形成してゆかなくてはならない部分が増えてきた。この意味では、人生モデルの「個人化」が進展しているといえよう。

四　女性の個人化

フレデリックや羽仁は、家庭領域において家事を合理化し、主婦の修養の時間を作り出すことによって主婦自身も進歩してゆくことを唱えた。そこには、性別役割分業にのっとったうえで、家庭領域での仕事をしっかり果たすことが女性の地位向上に繋がるとの考えがあった。彼女らが活躍した時期は二〇世紀初頭から一九四〇年代にかけてであり、彼女らの考えはこの時期のフェミニズム（女性解放）思想と基本的には一致する。この時期のフェミニズムは、基本的に女性の家事役割を肯定したうえで（もちろん疑問をさしはさむ人物もいたが）、「男女は人間としてどちらも尊いが本質的に異質である」、「女性は男性が果たしえぬ役割を担うからこそ（男性同様に）尊い」という論理で構成されていた（落合　一九八九　二一四―二三九）。

これに対して、一九六〇年代末以降のフェミニズム思想においては、性別役割分業自体が見直され始め「性差」が相対的に強調されなくなってゆく。これと歩調を合わせるかたちで変化を見せたのが、女性の「時間」にかんする思想や議論であった。

自伝研究においては、マリアンネ・フォークトが、女性の自伝には、男性が書く

アイデンティティ　精神分析家エリック・H・エリクソンの中心概念の一つで、「自己同一性」と訳される場合が多い。「自分はなにものであるか」の自己定義と、他とは取り替えのきかない自己の存在証明を意味する。

「近代的な」自伝が有する特徴——人生を、個人を単位として経過する歴史と見る視点が存在すること、自己形成やアイデンティティ獲得の過程が発展的に記述されていることなど——をもつ者がごくわずかしかいない、その大きな理由の一つには、女性が家庭内存在として「他人のための存在」として生きることを要請されたために自立した自己の形成が阻害されたことがあると指摘した（Vogt 1981 32–79）。

社会学者であり時間研究者でもあるバーバラ・アダムは、（西欧の）男性には当てはまる、時計が示す量としての時間を単位として自己の労働を売るという形態や、人生の長期的目標をもちそれを達成するという行為が、女性には非常に困難であることを指摘する。女性は時間で労働を売買するような経済生活にさらされる一方で、量化することが困難な子育てや家事の時間のなかでも生きているからである。（西欧の）男性雇用者の仕事は労働時間と自由時間との区別が容易であるが、女性の家事や育児の時間は終りがなく二四時間いつでも待機しておかなくてはならない類いのものだからである。人生の長期的目標を立てようにも、キャリアの選択や将来設計にさいして鑑みなければならない仕事以外の事柄——家事や出産・育児や夫の仕事の都合——ゆえに、非常な困難と葛藤を感じる（Adam 1994/95 101–3）。

こうした議論の背景には当然女性を取り巻く状況の変化があった。一九世紀末から二〇世紀前半にかけては、既婚女性は主婦となって職業労働から撤退する傾向にあり、それに呼応するように、この時期には「男女は仕事と家庭という異なる役割を担うが、それゆえに同等に尊い」という言説が支配的となった。しかし、経済の構造転換にともない、アメリカや北西ヨーロッパではとりわけ一九七〇年代以降に女性の就業率が上昇し、仕事と家事・育児の両立、配偶者と自分のキャリアの調整といった問題が登場してきた（日本でもこのテーマは七〇年代以降議論されていたが、世間一般にクローズアップされるのは九〇年代半ば以降であろう）。そうしたなか、従来の論理は正当性を失ってゆく。

初期の時点では、こういった問題はもっぱら「女性における仕事と家庭の両立の葛藤」としてとらえられた。

男性と同様に仕事をする女性が多数登場すると、男女別々の基準で測ることに対する違和感が生じ、「男性は仕事で自己実現をしている（＝個人の人生を生きている）のに、女性はそれができない（それはおかしい）」といった認識が生まれる。男女が同じ基準で測られ、男性にあるものが女性にはないといった論理が生まれるのだ。フォークトによる女性の自伝分析はこのような視点にもとづいてなされた。また、女性は家事・育児も仕事もこなし、配偶者の仕事の都合に合わせて、転勤などの場合には自分のキャリアをあきらめるとなると、女性には男性とは異なり二つの異質な時間を曲芸回しのようにうまくやり繰りしなくてはならないという認識が登場する。これがアダムの指摘の要点であった。

第三章で筆者は、西欧においては近代社会に入るころから、自己実現の歴史として自分の人生を構想し解釈する人生観が登場したと述べた。しかし、このような事態はすべての人々に当てはまったわけではない。この点について、西欧の第一の近代において自己実現の歴史として人生を追求したのは、中間層の男性にすぎず、女性や労働者階級は個人化されていなかったと指摘したのは、社会学者のウルリヒ・ベックであった（ベック　一九九八）。一九八〇年代半ばのことである。労働者は階級の相互扶助のなかに、女性は家庭における扶養のなかに包摂され、個人としての人生を追求したいと願う者もまれであったし、実際、客観的諸条件がそれを許さない面もあった。

ところが、豊かな社会が到来し福祉国家が整備されるにつれ、階級のもっていた相互扶助機能は剝ぎ取られ、アイデンティティ付与機能も弱体化してゆく。未婚率や離婚率の上昇、男性雇用の不安定化により、結婚しない（できない）可能性や婚姻が一生の経済的安定を保障しない可能性が高まるにつれ、家族も女性に対して扶養機能を果たすものでなくなっていく。そうすると、労働者も女性も一人で生きていく可能性を最初から考慮に入れて人生設計をせざるをえなくなる。

言い換えるなら、家族や階級の時間にくるみこまれていた女性や労働者階級の時間が、家族や階級という集団の力の弱体化により、個人個人の時間となって立ちあらわれてくる。女性を例に取るなら、家族の時間のなかに埋め込まれ調和をたもっていた女性の時間が、家族の時間と部分的に分離し始めた。労働者や女性において個人化が始まったのだ（また、このような考え方を、現代日本の企業社会における状況にあてはめるなら、個人化されずに一つの会社に包摂されていたサラリーマン個々人の時間が解き放たれ始めたと言えよう）。

そうして現在では、女性だけが矛盾を背負うのではなく男性も家事や育児に関与するべきだという男女共同参画の理念が登場し、女性のみが男性のキャリアに合わせて仕事をあきらめるのではなく、パートナー間で互いのキャリア――ひいては人生の時間――を調整すべきだという考え方も登場している。

五 メディアの発達と時間

次に、メディアの発達がわれわれの時間意識にあたえる影響について見ていこう。社会学者の吉見俊哉によれば、大衆娯楽的な音響メディアとしてのラジオが、アメリカで広まったのが一九二〇年代、テレビがアメリカやヨーロッパ、そして日本において爆発的な勢いで普及していくのが一九五〇年代から六〇年代にかけてのことであった。これらのメディア、とりわけテレビは、国土のあらゆる地点で、人々が同時に同じ経験をすることを可能にする威力をもっていた。テレビの最大の作用は、家庭空間のなかにナショナルな広がりをもった時間割を挿入したところにあった。そもそも放送は、膨大な数の番組を日々流し続けるために、一定の考え方に立って番組を配列し、それによって時間を組織してきた（吉見 二〇〇四 一七九―九二）。

ある番組を視聴するためには、その時間にテレビの前に座っている必要がある。そうすると、例えば、正午のＮＨＫニュースを見るために、それに合わせて午前の農作業を終わらせるということが生じうる。誇張して表現するなら、テレビ視聴という習慣があるために、家族の一週間の計画や一日の計画は、テレビ番組とともに作られるのである。

言い換えるなら、二〇世紀前半から中盤にかけてのメディアは、ナショナルなレベルで、時間の「同期化」を推進したのである。同期化の推進という点では、特定の時間に特定の場所に集められ行われた、産業社会時代の工場労働と似ている。

ところが、一九八〇年代を境に新しいネットワーク型のメディアが台頭してくる。吉見によれば、これらのメディアは、ラジオやテレビが強化してきた社会的な時間の同期性を弱める方向に進んできた。ビデオ録画の発達が端的に示しているように、今日ではテレビドラマやスペシャル番組を、その放送された時間に誰もが同時に見るという習慣は薄らいでいる。レンタルビデオはすでにテレビ受像機の機能を根底から変えてしまい、電子メールやインターネットの急速な普及が、社会的同期性をさらに不要にしてきている。「非同期化」が進んでいるのである。

さらに、情報通信技術の発展により多元的な時間操作と活用が可能になった。ビデオやパソコン、諸々のデジタル・メディアといった、双方向メディアの普及は、そのメディアの使用者一人ひとりが、映像や音楽、多様なデータを編集してそれぞれのイメージやテキストを構成していくことを一気に可能にした。今日では、自己イメージそのものも技術的に編集可能なものだという感覚が広がっている（吉見　二〇〇四　一二一—一二）。

編集可能になったのは、しかし、自己イメージだけではない。社会学者マニュエル・カステルは、百科事典がアルファベット順に人間の知識を組織したとすれば、電子メディアは消費者の衝動あるいは生産者の決定にしたがって情報や表現や知覚へアクセスさせることとなると指摘する。それによって、一連の出来事の全体を順序だて秩序づけるやり方が、従来のような時系列に沿ってなされるのではなく、出来事の配列はそれを利用する社会的文脈に依拠してなされるようになる（Castells 2000 492）。

例えば、インターネットでは、人は小説のような時系列でも百科事典のようなアルファベットないしアイウエオ順でもなく、自己の要求にしたがって情報を選択するようになる。

出来事の経験がその経験を利用する個々人によって編集され配列されるようになると、経験の「個人化」とでもいうべき事態が生じる。編集可能性という意味において、メディアは出来事や経験の「非時系列化」と「個人化」を促進するのである。

六　まとめ

これまで見てきたように、第一の近代たる産業社会において、時間は一方では機械時計が示す「量」として把握され、それが、労働に対する賃金を決定する尺度として機能していた。それは、労働の内容がある程度標準化されたからこそ可能となった事態でもあった。産業社会における工場生産は、人々を一定の時間に一定の場所に集め、決められた仕事内容を決められた時間リズムで行わせるという意味で、社会的時間の同期化を推進した。当時のテレビやラジオといったメディアも、同期化という意味では同様の役割を果たした。

他方で、第一の近代においては、無限にのびゆく「直線」として、社会の歴史や個々人の人生という時間がイメージされていた。ライフコースの制度化という事態は、相対的に安定的な制度的基盤と、男女で異なる「標準的な人生」という雛型の存在のもと、人生を、個人として、直線的・発展的に構想してゆくさいの手助けをした。

もっとも、人生を個人として発展的に構想できたのは、主として欧米の中間層男性であった。欧米の労働者階級においては、労働を時間で評価する時間把握は適用されたものの、「個人」として進歩してゆく人生観は浸透しなかった。日本のサラリーマンにおいては、労働を時間単位で売るということは実態としてはかなわず、したがって労働時間と自由時間との境界を明白に区切ることは困難であり、また個人主義的な人生観をもつ者もあまり多くなかった。

女性においては、事態はまた異なっていた。「男は仕事、女は家庭」という近代的性別役割分業が広まるなか、「量としての時間」という観念はある意味では家事においても取り入れられ、家庭において女性は家事をすることでそしてその合間に修養することで人格を完成させてゆくと考えられた。しかし、女性が行う家事労働は時間単位で賃金が支払われるわけではなく、また家庭において「他人のための存在」として生きる女性は個人主義的な生き方が構想できたわけではなかった。

しかし、第二の近代に入りつつあるとされる現在、労働やメディアという分野において、そして、人間の一生を時間という観点から考察した場合においても、「標準化」ないし「同期化」から「多様化」ないし「非同期化」へという傾向が認められる。

生産の場においては一定の時間、一定の場所に人々が集まって労働を行う必要性は以前に比べれば薄らいできた。メディアの分野においても、ある番組を視聴するのにある一定の時間にそこにいる必要性は薄らいだ。社会的時間の非同期化という傾向が見て取れるのだ。人間の一生を見ても、「○歳ころまでには○○をする」といった年齢規範が弛緩してきているという意味で、非同期化と言ってよいであろう。そして、仕事上のキャリアや経験、そして一生という人生において、自分で作ってゆく余地、そしてそれは作ってゆかざるをえない部分でもあるのだが、この余地が拡大したという意味において、そしてそのような人生を送ることのできる（送らざるをえない）人の層が、女性や欧米の労働者階級や日本のサラリーマンへと広がったという意味において、労働時間や経験、そして人生という時間の「個人化」傾向も見受けられるのである。

〈参考文献〉

阿部謹也（一九八七）『中世賤民の宇宙――ヨーロッパ原点への旅』筑摩書房

Adam, Barbara (1994/95) Time for Feminist Approaches to Technologies, 'Nature' and Work, *ARENA journal*.

天野郁夫（一九九六）『日本の教育システム』東京大学出版会

――――（二〇〇五）『学歴の社会史』平凡社

アリエス・P（伊藤晃・成瀬駒男訳）（一九八三）『死と歴史』みすず書房

アタリ・J（蔵持不三也訳）（一九八六）『時間の歴史』原書房

アウグスティヌス・S・A（服部英次郎訳）（一九七六）『告白（下巻）』岩波書店

ベック・U（東廉・伊藤美登里訳）（一九九八）『危険社会』法政大学出版局

Beecher, Catharine E. and Harriet Beecher Stowe (2002) *The American Woman's Home*, New Brunswick, New Jersey and London: Rutgers University Press.

バーガー・P・L、ルックマン・T（山口節郎訳）（一九七七）『日常世界の構成』新曜社

Bonß, Wolfgang, Felicitas Esser, Joachim Hohl, Helga Pelizäus-Hoffmeister und Jens Zinn (2004) Biographische Sicherheit, Ulrich Beck (Hg.), *Entgrenzung und Entscheidung*, Frankfurt am Main: Suhrkamp.

Castells, Manuel (2000) *The Rise of the Network Society*, Second Edition, Blackwell Publishing.

Dülmen, Richard van (1997) *Die Entdeckung des Individuums 1500–1800*, Frankfurt am Main: Fischer Verlag.

デュルケーム・E（古野清人訳）（一九四一）『宗教生活の原初形態（上巻）』岩波書店
エリアーデ・M（久米博訳）（一九七四）『エリアーデ著作集第三巻　聖なる空間と時間
　宗教学概論三』せりか書房
江森一郎（一九九〇）『「勉強」時代の幕あけ』平凡社
エンデ・M（大島かおり訳）（一九七六）『モモ』岩波書店
フーコー・M（田村俶訳）（一九七七）『監獄の誕生』新潮社
フランクリン・B（ハイブロー武蔵訳）（二〇〇四）『若き商人への手紙』総合法令
Frederick, Christine (1913) *The New Housekeeping. Efficiency Studies in Home Management*, New York: Doubleday Page & Co.
――― (1929) *Selling Mrs. Consumer*, New York: Business Bourse.
福井憲一（一九九〇）『鏡としての歴史』日本エディタースクール出版部
ギデンズ・A（松尾精文・小幡正敏訳）（一九九三）『近代とはいかなる時代か？』而立書房
Gurjewitsch, Aaron J. (1978) *Das Weltbild des mittelalterlichen Menschen*, München: Verlag C.H.Beck.
ホール・E・T（宇波彰訳）（一九八三）『文化としての時間』TBSブリタニカ
濱口恵俊編（一九七九）『日本人にとってキャリアとは』日本経済新聞社
羽仁もと子（一九六六a［初版一九二七］）『羽仁もと子著作集第二巻』婦人之友社
―――（一九六六b［初版一九二七］）『羽仁もと子著作集第九巻』婦人之友社
―――（一九六九［初版一九二七］）『羽仁もと子著作集第八巻』婦人之友社

橋本毅彦（二〇〇一ａ）「序文」橋本毅彦・栗山茂久編『遅刻の誕生』三元社
――（二〇〇一ｂ）「蒲鉾から羊羹へ――科学的管理法導入と日本人の時間規律」『遅刻の誕生』
――（二〇〇二）『〈標準〉の哲学』講談社
間宏（一九八九）『日本的経営の系譜』文眞堂
伊藤美登里（二〇〇一）「家庭領域への規律時間思想の浸透――羽仁もと子を事例として」『遅刻の誕生』
――（二〇〇三）『共同の時間と自分の時間――生活史に見る時間意識の日独比較』文化書房博文社
――（二〇〇六）「婦人雑誌に見る高度成長期における時間意識の変遷」橋本毅彦編『文部科学省科学研究費調査報告書　江戸のモノづくり　時計の技術的特徴と社会的意義に関する歴史的研究』東京大学先端科学技術研究センター
岩本茂樹（二〇〇七）『憧れのブロンディ』新曜社
柏木博（二〇〇〇）『家事の政治学』青土社
加藤迪男編（二〇〇六）『記念日・祝日の事典』東京堂出版
カッテンディーケ・Ｒ・Ｈ・ｖ（水田信利訳）（一九六四）『長崎海軍伝習所の日々』平凡社
キンモンス・Ｅ・Ｈ（広田照幸ほか訳）（一九九五）『立身出世の社会史――サムライからサラリーマンへ』玉川大学出版部
Kohli, Martin (1985) Die Institutionalisierung des Lebenslaufs, *Kölner Zeitschrift für*

Soziologie und Sozialpsychologie, 37 (1).
Koselleck, Reinhart (1989) *Vergangene Zukunft*, Frankfurt am Main: Suhrkamp.
ル・ゴフ・J（新倉俊一訳）（一九七九）「教会の時間と商人の時間」『思想』六六三号
Luhmann, Niklas (1990) Die Zukunft kann nicht beginnen. Die Temporalstrukturen der modernen Gesellschaft, Peter Sloterdijk (Hg.), *Von der Jahrhundertwende. Berichte zur Lage der Zukunft*, Bd. I, Frankfurt am Main: Suhrkamp.
町村敬志（二〇〇七）「国家とグローバリゼーション」長谷川公一ほか『社会学』有斐閣
真木悠介（一九八一）『時間の比較社会学』岩波書店
西本郁子（二〇〇一）「子供に時間厳守を教える」『遅刻の誕生』
落合恵美子（一九八九）『近代家族とフェミニズム』勁草書房
――――（二〇〇四）『二一世紀家族へ　第三版』有斐閣
荻原勝（一九八四）『定年制の歴史』日本労働協会
太田肇（二〇〇一）『囲い込み症候群』筑摩書房
サトウ・E（坂田精一訳）（一九六〇）『一外交官の見た明治維新（下巻）』岩波書店
Shimada, Shingo (1994) *Grenzgänge — Fremdgänge. Japan und Europa im Kulturvergleich*, Frankfurt am Main: Campus Verlag.
Shimada, Shingo und Sonja Gabbani (1998) Überlegungen zur Äquivalenz von Zeit und Geld, Angerika Ernst und Peter Pörtner (Hg.), *Rolle des Geldes in Japans Gesellschaft, Wirtschaft und Politik*, Hamburg: CALLING P.O.D.
品川知美（二〇〇七）『家事と家族の日常生活』学文社

総理府統計局編（一九六六）『昭和三九年全国消費実態調査報告第七巻』

鈴木淳（一九九九）『新技術の社会誌』中央公論新社

――（二〇〇一）「二つの時刻、三つの労働時間」『遅刻の誕生』

竹内洋（一九七八）『日本人の出世観』学文社

――（一九九五）『日本のメリトクラシー』東京大学出版会

――（一九九六）「サラリーマンという社会的表徴」井上俊ほか編『岩波講座現代社会学第二三巻　日本文化の社会学』岩波書店

――（二〇〇五）『立身出世主義［増補版］』世界思想社

Thompson, Edward P. (1967) Time, Work-discipline, and industrial Capitalism, *Past and Present*, 38.

時計史年表編纂室編（一九七三）『時計史年表』河合企画室

角山榮（一九八四）『時計の社会史』中央公論社

――（一九九八）『時間革命』新書館

内田星美（二〇〇一）「明治時代における時計の普及」『遅刻の誕生』

内山節（一九九三）『時間についての十二章』岩波書店

Vierhaus, Rudolf (1972) Bildung, Otto Brunner, Werner Conze und Reinhart Koselleck (Hg.), *Geschichtliche Grundbegriffe*, Bd.1, Stuttgart: Ernst Klett Verlag.

Vogt, Marianne (1981) *Autobiographik bürgerlicher Frauen*, Würzburg: Königshausen und Neumann.

ヴェーバー・M（世良晃志郎訳）（一九六二）『支配の社会学Ⅱ』創文社